좋은 교인
좋은 크리스천

국민일보 미션라이프 인기연재칼럼

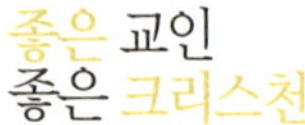

좋은 교인
좋은 크리스천

지 은 이 | 강덕영
펴 낸 이 | 김원중

기　　획 | 김무정
편　　집 | 박성연, 박순주
디 자 인 | 변은경
제　　작 | 허석기
관　　리 | 차정심
마 케 팅 | 김재운, 정한근

초판 인쇄 | 2013년 12월 20일
초판 발행 | 2013년 12월 24일

출 판 등 록 | 제313-2007-000172 (2007.08.29)

펴 낸 곳 | (주)상상나무
　　　　　　 도서출판 상상예찬
주　　소 | 경기도 고양시 덕양구 행주내동 743-12
전　　화 | (031)973-5191
팩　　스 | (031)973-5020
홈 페 이 지 | http://smbooks.com

ISBN 978-89-93484-84-7 (03230)

값 10,000원

국민일보 미션라이프 인기연재칼럼

좋은 교인
좋은 크리스천

| 강덕영 지음

상상
나무

지난해부터 국민일보의 요청을 받아 인터넷판에 신앙칼럼을 연재 중이다. 이 칼럼들을 묶어 〈종교인과 신앙인〉이란 책을 첫 발간했었다.

그런데 단행본으로 묶여진 이 책의 반응이 제법 컸다. 이 글들은 평소 내가 오랜 신앙생활을 하며 얻어진 기독교 신앙관을 일반 생활과 연결해 풀어 쓴 내용이다. 무엇보다 책을 읽은 독자들이 칼럼 내용에 공감을 많이 해 주었다. 여러 사람으로부터 책을 읽고 신앙에 대해 도전받고 신앙을 다시 생각하게 됐다는 감사 인사까지 받았다. 어떤 분은 자비로 출판사에서 책을 구입해 나눠준다는 이야기도 들었다.

감사하면서도 한편으론 안타깝기도 했다. 그것은 교회에서 바른 신앙교육을 제대로 받지 못했다는 반증이기도 하기 때문이다. 그래서 힘이 들었지만 용기를 얻어 주말마다 더 열심히 칼럼을 쓰게 됐다. 일주일 내내 열심히 일하고 모처럼 쉬는 날에도 원고지와 씨름했다. 그러다 보니 이번에는 6개월 만에 40편의 신앙칼럼을 쓰게 됐고 두 번째 신앙 칼럼집 〈좋은 교인 좋은 크리스천〉이 세상에 나오게 됐다.

신앙은 결코 '좋은 게 좋은 것'이 아니다. 교회에서 보기에 좋은 교인이라고 해서 반드시 하나님이 보시기에도 좋은 교인이라고 할 수 없다는 것이 내 지론이다. 이런 관점에서 글을 많이 쓰게 된 것 같아 〈좋은 교인 좋은 크리스천〉이란 제목을 붙였다. 여러 가지로 부족하지만 이 칼럼을 통해 신앙에 대해 좀 더 진지하게 숙고하고 바른 성경관을 갖는 계기가 된다면 필자로선 매우 감사할 뿐이다.

이 책을 만드느라 수고한 손길들에 감사한다. 상상나무 김원중 사장님, 일러스트를 맡아준 조대현 화백께 고마움을 전한다.

2013년 12월

강덕영

하나님의 보호하심으로 온갖 위험에서 벗어났을 때, 그리고 어려운 병으로부터 벗어났을 때 내겐 믿음의 증거가 생겼다. 그래서 내 인생을 이제부터 하나님의 나라와 그 의를 위해 살겠다고 하나님께 약속했다. 그러나 무엇을 어떻게 해야 할지를 몰라 헤매고 있는 나를 발견할 때마다 무력감을 느낀다. 뭔가 분주했고 생각도 많이 했는데 아무것도 하지 못한 하루를 반성할 때가 많다.

01

좋은 교인
좋은 크리스천

좋은 교인 좋은 크리스천 I

50년대와 60년대는 가난과 싸우고 있던 우리 모두에게 유교의 어른 공경 사상과 이웃 간 대화가 있던 시절이다. 한 집에서 떡을 하면 그대로 한 조각씩 이웃들과 나누어 먹던 시절, 배고픔을 이웃의 정으로 극복하던 때였다.

50여 년 전 어릴 때, 내가 살던 동네에는 크리스천이 몇 가정 없었다. 당시 교회에 나가는 사람은 예수쟁이라 불렸다. 그리고 관심의 대싱이 됐다. 말로는 예수쟁이라 놀림을 받았지만 내심으로는 존경을 받는 시대였다. 예수쟁이라고 놀림은 받았어도, '예수쟁이는 거짓말은 하지 않는다' 는 신뢰심, '예수쟁이는 믿을 수 있는 사람' 이라는 공통적인 인식이 있었다.

당시에는 주일 아침, 저녁과 수요일엔 교회의 종소리가 온 동네에 울려 퍼졌다. 그래도 시끄럽다고 항의하는 사람이 없었다. 새벽 종소리가 요란해도 너그러이 여기던 시절이었다. 그 종소리에 잠을 깨도, 그 소리를 아름다운 소리로 받아들였던 이웃이었다. 그만큼 기독교가 사람들의 마음속으로부터 존경과 사랑을 받았고, 그로 인해 기독교 인구는 폭발적으로 증가했다.

예수쟁이에게는 구멍가게에서 외상도 잘 주던 시절이다. 그래서 전도가 아주 잘 되었다. 예수쟁이의 정체성은 정직하고 근면하며 남과 더불어 다투지 않는 착한 사람으로 되어 있었다. 영국에서는 크리스천에게는 은행에서 담보 없이 대출을 해주던 시절이 있었다고 한다.

그러나 지금 기독교인에 대한 사회 인식은 어떠한가. 술·담배 하지 않는 사람, 말이 좀 많은 사람으로 인식될 뿐 정직한 사람, 믿을 수 있는 사람이라는 인식은 없는 것 같다. 교인에게 정직하고 신뢰받는 기독교인이 되라고 설교하는 교회가 얼마나 있는지 모르겠다.

좋은 교인은 전도 잘하고, 십일조 잘 내고, 목사님 말씀에 순종하고, 교회에 출석 잘하는 착한 교인이다. 한국의 교회는 좋은 교인을 만드는 데에는 성공했으나, 좋은 크리스천을 만드는 데에는 실패했다는 외국 신학자들의 충고가 현실감 있게 와 닿는 것은 왜일까.

기독교인
삶의 현장

주변에 품성이 착한 크리스천을 많이 볼 수 있다. 일부 목회자와 교회의 문제로 그 빛이 가려지고 있을 뿐이다. 아직도 주님만 바라보고 정직하게 사는 성실한 기독교인이 많다. 그리고 예수 그리스도 이외에도 구원이 있다고 주장하는 목회자는 있지만, 한국의 교인 중에는 이것을 받아들이는 교인은 거의 없다.

오히려 교인이 목회자를 걱정하는 목소리가 점점 증가하고 있다. 우리에게 아직도 성령이 떠나지 않고 계신다. 이것이 한국 기독교의 희망이다. 아직도 동성애를 찬성하는 교인은 매우 적다. 건전한 기독교인의 정체성이 있다는 증거다. 그리고 아직도 새벽 예배에 주님께만 의지하는 기도의 목소리가 드높다.

교회가 한국의 성도들을 잘 이끌어야 한다. 정직한 성도, 청지기 정신을 가진 기업가, 주님의 뜻을 문학 작품과 음악을 통해 바르게 전하는 예술가, 올바른 기독 정신으로 국가의 미래를 이끄는 공직자와 정치가가 나오도록 교회는 새로운 시각에서 훌륭한 기독교인을 배출해야 한다. 교회 생활만 강요하는 교회가 아니라 삶의 현장에서 주님의 이름을 높이는 기독인을 양성하는 교회로 돌아가야 한다.

그리고 잠언에서 말씀하시는 물질관도 한번 생각해볼 기독교인의 중요한 정체성인 것 같다.

"거짓말을 내게서 멀리하게 하시고 나를 가난하게도 마시고 너

무 부자를 만드시지도 마시고 오직 필요한 양식을 내게 먹여주시옵
소서. 내가 너무 부유해서 하나님을 모른다고 할까 두렵습니다. 또
내가 너무 가난하여 도적질하고 하나님의 이름을 욕되게 할까 두렵
습니다." (잠언 30장 8~9절)

이런 기독교인의 정체성이 우리 삶의 현장에서 '존경을 받고 쓰
임을 받는 기독교인' 이라고 인식시켜 주었으면 좋겠다는 생각이다.
'기독교인은 믿을 만하고 같이 일할 만하다' 는 인식은 구태여 전
도에 적극적으로 나서지 않아도 주의 백성의 수를 차고 넘치게 할
것이다.

좋은 교인 좋은 크리스천 Ⅱ

저녁 식사 모임 때의 일이다. 교인이 된 지 3년가량 됐다는 대학 교수가 자신의 동료 교수 이야기를 시작했다. 그 동료 교수는 대형 교회의 장로이며 그의 부인도 권사다. 부인은 명문대를 졸업한 지성인이다. 그녀가 이번 재직 임명 때 담임 목사님의 식사봉사팀장으로 임명되었다고 자랑을 했다고 한다.

그 말을 들은 다른 교수님이 '담임 목사님의 식사를 담당하는 팀이 별도로 있다는 것은 말도 안 되는 일'이라며 흥분을 했다. 담임 목사님이 일반 성도들과 같이 점심을 먹는 것은 당연한 일인데, 임금님도 아니고 무슨 요리팀을 두고 있느냐며, 그 팀에 임명된 것을 왜 자랑하는지 모르겠다는 것이다. 이 교수님이 다니는 교회의 목사님은 소형차를 직접 운전하고 다니며 식사도 당연히 성도들과 같이 한다고 했다.

사실 많은 교회 목사님들이 자신의 식사봉사팀을 별도로 두고 있다. 나도 그것을 참 못마땅하게 여기는 사람 중 하나다. 큰 회사의 사장도 식당에서 직원들과 함께 식사하는 것이 당연시되고 있는데, 성직자야말로 타인에게 모범이 되는 생활을 해야 한다고 생각하는 교인들이 많다. 그리고 이런 식사팀에 속해있다고 자랑하는 교인에 대해서는 연민의 정을 가질 수밖에 없다. 그러나 본인이 자랑스럽고 영광스럽다고 생각하면 그 또한 어쩔 수 없는 일이다. 목사님께 잘하면 복을 받고, 목사님께 순종하면 하나님께 인정받는다는 생각을 하는 교인이 의외로 많다.

목사님이 축복권과 저주권을 갖고 있다고 설교하는 분들도 간혹 있다. 나는 우연한 기회에 한 목사님께 질문했다.

"목사님께는 축복권과 저주권이 있다고 생각하십니까?"

그러자 목사님은 이런 답을 주었다.

"그건 아니지요. 축복해 달라고 예수님께 중보기도를 할 수는 있지만, 축복권은 없습니다. 더군다나 성도들이 잘못한다고 저주하는 기도는 목사가 할 수 없지요. 그것은 잘못된 신앙입니다."

천주교는 약간 다르다. 사제가 죄를 없애주는 속죄권을 갖고 있다고 한다. 그러나 기독교는 하나님만이 속죄권과 모든 축복권을 갖고 있다고 믿고 있다.

십일조를 잘 내고, 목사님 말씀에 순종하며, 교회에 출석을 잘하는 교인을 믿음이 좋은 교인이라고 칭한다. 그리고 전도와 교회 봉사를 잘하면 믿음이 아주 좋은 권사님, 장로님이 된다. 그리고 직책을 받으면 이것을 계급으로 생각하는 경우가 많다. 그래서 모두가 이 직책을 원하게 된다. 직책을 맡으면 자녀들의 혼사 문제까지도 잘 해결된다고 생각한다. 그래서 교회의 선거 때에는 일반 사회와 비슷한 광경이 펼쳐진다. 선거에서 떨어진 사람이 교회를 떠나 다른 교회로 옮기는 경우도 있다. 그러나 믿음이 좋은 사람으로 인정받는 사람들의 범위는 교회 안에 국한되는 경우가 많다.

고인이 된 강영우 박사의 전기를 읽은 적이 있다. 중학교 때 축구공에 맞아 눈이 멀고 부모님까지 잃었으나 고아의 신분으로 연세대학교를 졸업하고 미국으로 유학을 떠나 박사 학위까지 받았다. 미국 백악관에서 국가장애위원회 정책차관보로 10년 넘게 근무하며 장애 정책 자문관 역할을 했다. 큰아들을 유명한 안과의사로, 둘째 아들을 미국의 고위 공무원으로 훌륭하게 키운 분이다.

이 분은 전 세계 장애인들의 롤모델이 되었고 예수님이 어떻게 자신을 인도하셨는지 간증했다. 그 인도하심에 감사하는 믿음의 증거들을 간증하며 그리스도인의 삶을 이야기했다. 오히려 자신의 장애로 인해 축복을 받았다며 하나님의 이름을 높이는 것을 보았다. 그는 좋은 크리스천의 모습을 사회에 전했다.

믿음
행함
크리스천

얼마 전 〈울지마 톤즈〉라는 이태석 신부의 영화를 보며 하염없이 눈물을 흘린 적이 있다. 아프리카 오지에서 전쟁의 상처로 신음하는 사람들을 음악과 의술과 교육으로 위로하고, 자신이 암 투병 중임에도 그들을 위해 끝까지 웃으며 사랑을 보내는 그 진정한 모습에서 그리스도인의 참모습을 발견했다. 하나님이 이렇게 그 젊은 사람에게 그토록 큰 사명을 맡기셨는지, 그는 어떻게 그런 큰 쓰임을 받을 수 있었는지 부러운 생각도 들었고 반성하는 시간도 갖게 됐다. 진정으로 좋은 크리스천의 모습이었다.

믿음과 더불어 행함이 있는 크리스천의 삶을 통해, **"너희는 세상의 빛이라 산 위의 동네가 숨기우지 못할 것이라. 저희로 너희 착한 행실을 보고 하늘에 계신 하나님께 영광을 돌리게 하라"**(마 5:16)는 예수님의 말씀에 응하는 좋은 크리스천의 모습을 나 자신과 한국 교회 모두에게 기대해 본다.

좋은 교인 좋은 크리스천 Ⅲ

여름휴가에 가족을 동반하고 여행길에 올랐다. 여행 중 모자간에 재미난 대화를 나누는 소리를 들었다.

아내는 여전도회의 중요성과 어려운 점을 설명했다. 아내 친구가 여전도회장인데 임원회의 준비하랴 기도회 주관하랴, 장애인 섬김사역에 동참하랴, 일주일이 너무 빨리 지나간다는 것이다. 하나님의 일을 하는 것이 얼마나 보람 있는 일이냐는 아내의 이야기를 듣고, 막내아들이 말했다.

아들 친구는 절대로 교회를 나가지 않는다고 한다. 그 친구의 어머니는 새벽기도회와 여전도회 봉사를 열심히 하고 있는데, 반면 집에 있는 할머니에게는 밥도 잘 안 해주고 가정에 소홀하다는 것이다. 그래서 가족들이 어머니에게 가정을 택할 것인지 교회를 택할 것인지 정하라고 말했는데도 달라지지 않았다고 한다.

그에 대한 반발심으로 다른 가족들은 아무도 교회에 다니지 않는다고 한다. 교회가 싫은 것은 아니지만, 어머니의 모습이 별로 좋게 보이지 않아서 교회를 다니지 않는다는 이야기였다.

얼마 전에는 어느 교인의 동창회가 있었다고 한다. 성당의 임종 도움회에서 봉사하는 동창이 이야기했다고 한다. 임종하는 환자들이 너무 불쌍해서 본인도 모르게 눈물이 나는 경우가 많다는 것이다. 그래서 매주 2회씩 빠지지 않고 꼭 병원에서 봉사하는데 정말 보람되고 배울 점이 많다고 했다.

그러자 옆에 있던 다른 동창이 이렇게 물었다.

"그런데 네 시어머니는 아직도 요양 병원에 계신다면서? 자주 찾아뵙긴 하니?"

그러자 그 친구 갑자기 얼굴색이 변하면서 아니라고 대답했단다. 마침 병원에 들러 인사라도 드리려 했는데 시간 나면 같이 한번 병문안 가자고 이야기했다고 한다.

성당에서 열심히 섬김 봉사를 하는 이 친구가 시어머니를 너무 학대한다는 소문이 친구들 사이에 들리고 있던 모양이다. 시어머니는 1년에 한두 번 찾아가고 남들은 일주일에 두 번씩이나 간호한다는 것이 도대체 잘 이해되지 않았다. 이유가 어떻든 간에 엄마는 우선 제자리에 있어야겠다는 생각이 들었다.

가족의 중심인 엄마의 위치는 막강하다. 엄마가 우선 가족을 챙기고, 그다음 가까운 친척들을 돌보고, 그리고 그다음에 사회봉사를 했으면 좋겠다는 젊은이들의 요구가 틀린 소리 같지는 않다.

성경에서는 네 부모와 가까운 형제나 친척을 챙기지 못하고 다른 데만 섬기는 것은 악한 행위라고 말씀하고 계신다. 좋은 교인은 많으나 가족과 직장과 사회에서 모두 칭찬받는 좋은 크리스천이 되는 것은 정말 힘든 일이다. 나 자신도 스스로 기독교인이라고 말하고 있지만, 만약 직원들에게 거짓말을 해서 신용을 잃거나 자신의 이익만 챙기는 사장이라고 직원들이 생각하게 된다면 전도의 길은 막히는 것이라는 생각이 든다.

"교회에 나가고 싶어도 지런 사장을 보면 어떻게 교회에 나갈 수 있겠냐"고 한다면 하나님의 이름을 더럽히고 더불어 하나님의 이름을 망령되게 일컫는 죄를 범하고 있다는 생각을 해보았다. 정말 말로나 행동으로나 사회에 본이 되어야 진짜 좋은 크리스천이 될 수 있다는 생각이 들었다. 특히 큰 교회 목회자들의 언동은 좋은 전도에 큰 영향을 미친다. 목회자가 좋은 크리스천으로 비쳐야 사회에 기독교 문화와 도덕성이 전파될 것이다.

좋은 교인이 되기도 어렵다. 그러니 좋은 그리스천이 되어 가정과 사회와 국가와 전 세계에 영향력을 미치고 세상의 중심에 하나님의 이름을 높이는 하나님의 일꾼들이 많이 양성될 것을 기도해

성령님 인도
좋은 크리스천

본다. 나부터 시작해보자고 다짐하고 노력하고 있지만 어떻게 비칠지 모르겠다.

나 혼자서는 할 수 없지만, 오늘도 동행하시는 성령 하나님의 인도를 받는다면 가능하다는 생각을 해 보았다. 나는 약하나 하나님은 하실 수 있다는 생각으로 오늘도 하루를 마감하며 되새기는 기도를 해 본다. 별로 한 것 없이 하루를 보냈다는 생각에, 내일은 더 보람 있는 좋은 크리스천이 되어보리라 기도한다.

을의 반란

얼마 전, 부서 책임자와 부하 직원 사이에 감정싸움이 있었다. 부하 직원이 책임자에게 심한 욕설과 함께 인격을 모독하는 발언을 한 것이다. 이럴 때 회사는 인사위원회를 열어 부하 직원을 문책하는 것이 당연하다.

그러나 부하 직원의 항변 또한 이유가 타당했다. 부서 책임자는 실무를 손에서 놓은 지 오래됐고 실질적인 업무는 본인이 중심이 되어 처리한다고 한다. 책임자는 개인적인 업무나 보고 일찍 퇴근한다는 것이다. 알아보니 실제로 그 직원의 이야기가 상당히 근거가 있었다. 실무를 못하니 그 밑에 있는 직원들이 책임자를 무시하고, 업무 지시가 통하지 않으니 책임자의 권위가 떨어졌다.

교회도 마찬가지다. 교회에서 목사님의 영성이 떨어지면, 목사님의 모든 행동이 곱게 안 보이기 시작한다고 한다. 그래서 이번에 한 대형 교회에서 논문 표절 시비가 생겼고, 불신 속에서 목사님이 징계를 받는 사태가 일어났다. 또 어떤 교회에서는 돈 문제로 목사님이 사직하는 경우도 있었다. 세습 문제, 여자 문제 등으로 물의를 일으킨 목사님이 사회적인 이슈가 되어 교회의 위신을 실추시킨 적도 있다. 이 모든 것이 영성 부족으로 인해 교인들의 신앙적 욕구를 만족시키지 못했기에 일어난 일이라고 생각된다.

목회자는 사회적 경험 면에서 교인에 못 미치고 전문 지식도 전문직 교인에게 못 미친다. 요즘 성도들의 성경 지식수준도 보통이 아니다. 목회자는 이제 지식을 자랑하지 말아야 한다. 신문기사, 책 속의 이야기로 서툰 설교를 하면 교인들은 금방 알아챈다. 성령을 받아 영적인 힘을 갖지 않으면 을의 반란을 진압할 길이 없다. 성령 하나님께서 인도하시는 대로 대언해야 존경을 받고 높임을 받는다. 영성만이 목회의 진정한 방법이라고 말하는 신학자들의 고백이 이해가 된다.

CEO 목회자를 꿈꾸는 목회사는 이제 을의 마음을 읽지 못하는 자다. 예전 어머니들은 학교를 제대로 다니지 못했기에 지식은 없었다. 그러나 어머니를 무시하는 자식은 없다. 그 어머니의 지혜와 사랑을 죽을 때까지 못 잊고 감사한다. 목회자도 어머니 같은 목회를 하는 분은 존경을 받는다. 아무리 교인이 지위가 높고 부유해도 하

성령
을

나님 앞에서는 겸손하다.

진실로 하나님의 말씀으로 훈육하고 사랑으로 기도해 주면 정말 존경하는 목사님으로 인정받게 된다.

"성령을 받지 않고 어떻게 목회를 하십니까?"

이 질문을 누가 거부할 수 있을까. 성령을 구하고, 오늘도 살아 계시고 동행하시는 그의 존재를 확신하며, 이것에 감격하여 교인들에게 말씀을 전한다면 세상에서 영적으로 지친 신도들에게는 단비가 될 것이며 그들에게서 감사함으로 보답 받을 것이다.

"늙은이를 꾸짖지 말고 아버지께 하듯 하며, 젊은이에게는 형제에게 하듯 하고, 젊은 여자에게는 온전히 깨끗함으로 자매에게 하듯 하라." (딤전 5:1)

성경 말씀이다. 이것이 을의 반란을 막는 방법이라고 생각한다. 회사의 업무를 수행할 때에도 이 성경 말씀에 따라 행하면 을에게 사랑받는다. 그러나 절대로 실무를 놓치지 말아야 한다. 실무를 놓치면 업무의 핵심을 꿰뚫지 못한다. 그러면 부하 직원이 책임자를 무서워하지 않게 되고 무시한다. 젊은이여. 업무를 할 때 윗사람 됨을 즐기지 말고, 게을러지지 말며, 도장 찍는 것만 본인의 일로 생각하지 마라. 뒤에서 을이 지켜보고 있나.

"따르릉, 따르릉, 비켜나세요. 자전거가 나갑니다. 따르르르릉. 저기 가는 저 사람 조심하세요. 우물쭈물하다가는 큰일 납니다."

어렸을 때 즐겨 부르던 동요다.

지식의 변천, 환경의 변동, 인간관계의 변화 등 모든 것이 급변하는 각박한 이 사회 속에서 자신의 위치를 확고히 하지 않고 방심하면 낙오할 수 있다. 깨어 기도하지 않으면 언제 주님의 재림이 올지 모른다.

두발자전거는 움직이지 않으면 넘어진다. 우리의 영적 생활도 계속 기도하지 않으면 넘어진다. 우선 나부터 깨어 기도해야겠다. 글은 이렇게 써도 때때로 잊고 게을러질 때가 많다. '성령 하나님, 부디 저를 도와주시옵소서' 하고 기도해 본다.

십일조를 생각한다

대학교 동문회에 갔을 때의 일이다. 우연히 한 동문에게서 내가 장로여서인지 자신의 신앙을 신단해 달라는 부탁을 받았다. 약간의 긴장을 안고 진지한 마음으로 그의 이야기를 경청했다.

그 동문은 대학교수로 재직하다 정년퇴직을 한 후 연금으로 살아가고 있다. 교회에 십일조를 드리고 나면 생활이 아주 넉넉한 편은 아니라고 한다. 그런데 자신은 버스 정류장이나 전철역에서 노인들을 만나면 애처로운 마음에 이야기를 나누고는 반드시 기도를 같이 한 후 헤어지는 것이 습관이 되었다고 한다.

노인 중에는 며칠 간 누구와도 이야기한 적이 없고 너무나도 외로운 사람이 많다고 한다. 그가 만난 한 노인은 며느리와 같이 살고 있었는데 며느리가 자신을 돌보는 것이 싫어서 자살을 시도한

적도 있다고 했다. 지금은 아들 보기에 너무 미안해서 양로원이라도 가고 싶은 마음이라고 그에게 고민을 털어놓았다는 것이다. 노인과 함께 얼마나 울었는지 모른다고 한다. 그리고 노인을 껴안고 기도해 주니 정말 감사하다며 눈물을 흘렸다고 했다.

얼마 전에 이 동문의 부친이 102세로 세상을 떠나자, 빈소에 한 신학생 부부가 문상을 왔다고 한다. 왠지 그들을 붙잡고 기도해 줄 마음이 생겨 기도를 시작하고 그들의 형편을 들어 보니 등록금 때문에 힘들어하고 있더란다. 그래서 그들에게 장학금을 주기 시작했다고 한다. 그러다 보니 교회에 십일조를 내지 못하게 됐고 하나님 앞에 죄를 짓는 것 같아 과연 십일조를 이 신학생에게 주는 것이 잘못된 것인지, 죄가 되는가를 내게 묻기 위해 말을 꺼낸 것이다.

나도 그의 따뜻한 마음에 눈시울이 뜨거워졌다. 무어라 대답하기 힘이 들어 이렇게 답변했다.

"성경에는 연보(捐補)라는 말씀이 있습니다. 신학자들에 따라 해석을 달리할 부분도 있습니다만, 성령이 당신의 따뜻한 마음을 움직이고 당신께 눈물의 기도가 있다면, 하나님은 이것을 죄라고까지 단정하시지는 않을 것입니다. 그리고 나도 당신 같은 마음이 부럽습니다."

나는 '이 분이 바로 종교인이 아닌 신앙인이구나.' 하는 생각이 들었다. 한편으로 교회는 이러한 교인들의 마음을 헤아려 십일조

십일조
장학금

헌금을 정말 주님이 원하시는 대로 귀중하게 써야겠다는 생각을 해보았다.

옆에 있던 천주교 교인 한 분이 농담을 시작했다. 천 원과 만 원이 오랜만에 만나 이야기를 했다고 한다. 천 원이 만 원에게 이렇게 물었다.

"요즘 어디를 그렇게 다녔어?"

그러자 만 원이 이렇게 대답했다.

"참 재미있었지. 호텔 식당에도 가 봤고, 헬스클럽에도 갔었고, 성인오락실에도 가 봤어."

만 원의 이야기를 천 원이 이렇게 말했다.

"그래 참 좋겠구나. 나는 교회만 왔다 갔다 했어."

그랬더니 만 원이 천 원에게 하는 말은 바로 이랬다.

"그래, 너는 참 심심했었구나."

이야기를 듣던 한 사람이 이렇게 말했다.

"요즘 천 원을 헌금하는 사람이 어디 있어?"

이 말이 끝나자마자, 또 다른 사람이 나서며 이렇게 말했다.

"천 원이 얼마나 큰 돈인데? 넌 강남에서 사니 배부른 소리만 한다. 시골 교회에 가 봐. 천 원짜리도 정말 큰 돈이야."

대형 교회의 부유함과 시골 교회의 가난함을 절실히 느낄 수 있는 대화였다. 큰 교회는 자신들의 헌금으로 미자립 교회를 도와줄 수는 없을까 하는 생각을 해 보았다.

나는 참석하는 자리마다 재미없는 신앙 이야기를 꺼내는 주체가 되곤 한다. 세상에서는 세상 이야기를 이끌어 가야 하는데 이 때문에 무척 재미없는 사람이 되었다. 돈 버는 이야기, 정치 이야기에 관심이 많은 사람은 나를 무척 싫어하겠다는 생각이 들었다.

대학동문회장을 4년이나 하면서 기독교 신앙을 전파하다 보니 나는 완전한 예수쟁이로 인식된 모양이다. 그래도 나이도 있고 사업도 성공적으로 하고 있으니 내 이야기를 들어주는구나 하고 고마운 생각이 들었다.

어떤 자리에서건 그리스도를 시인하고 그를 전할 수 있는 것이 비로 내가 받은 축복이라는 생각이 들었다. 나는 이 행복을 계속 누리고 싶다. 그래도 담배 연기보다는 내 이야기가 낫지 않느냐는 농담도 했다. 그래서 오늘 여러 사람의 수다는 진지하고 눈물까지 글썽이는 해피엔딩으로 끝났다. 그리고 이렇게 기도를 드렸다.

"하나님 감사합니다. 저를 이처럼 사용하여 주시는 것에 진심으로 감사드립니다."

니므롯에서 배우는 복지국가

노아의 홍수 후 그 가족들은 비옥한 땅에서 번성하기 시작했다. 세월이 흘러가면서 인구도 늘었고 가축도 늘었다. 그러나 맹수의 수도 늘었고 맹수로 인해 가축과 사람의 피해가 심각할 정도였다.

이때 크고 용맹하며 강력한 사냥꾼 니므롯(Nimrod)이 이 맹수들을 사냥해 사람들을 지켜주었다. 그리하여 모든 사람은 그동안 섬기던 하나님보다 당장 자신들을 지켜주는 니므롯을 따랐고 니므롯은 높은 성벽을 쌓아 도시를 만들었다. 이 성이 니느웨(Nineveh) 성이다.

고대 국가를 건설하게 된 니므롯은 신의 위치에서 하나님을 대적하는 자가 된 것이다. 이 니므롯이 바로 사람들을 하나님께 대적하게 만든 바벨탑을 쌓게 한 대적자다. '하나님께 의존하는 사람들'

에서 벗어나 '인간이 하나님을 대신' 하려는 인본주의 사상의 시초라고 생각한다. 사람들에게 복지를 준다고 약속하고는 백성을 노예로 만들어 신의 위치까지 올라선 인물이 바로 니므롯이다.

이 사상이 르네상스라는 인본주의적 물줄기를 타고 현재 신학에도 도입되어 자유신학의 토대를 놓았으며, 사람이 우상을 만들고, 하나님에 대적하는 종교다원주의라는 신학도 만들었다고 생각된다. 또한, 하나님 없이 인간이 복지국가를 만들고 모두 잘 살 수 있게 한다는 공산주의가 한때 큰 세력을 가지고 국가 차원의 평등과 낙원을 약속했으나 모두 허구였으며, 공산주의가 잘 살기보다 가난과 불평등의 극치를 보여준 것을 우리는 보아왔다.

그리고 '요람에서 무덤까지' 라는 구호를 외치며 서유럽에서 시작된 사회복지국가도 지금은 재정난으로 큰 고통을 받고 있다. 모든 국가가 연금 자원의 고갈로 복지 유지를 어렵게 보고 있다. 자원이 풍부한 국가들은 그나마 유지할 수 있지만 복지만 늘려놓고 수입이 적은 국가는 그 고통이 정말 크다고 한다. 복지 혜택을 늘이기는 쉬워도 한번 늘려놓으면 줄이기는 정말 힘든 것 같다.

아르헨티나를 비롯한 중남미 국가들은 인기 영합적인 선심 정책이 오히려 국가 경제를 피단 나세 해 극심한 가난을 겪고 있다. 특히 북한에서는 주체사상이라는 이념 속에서 김일성이 니므롯과 같이 전능한 태양신이 되어 주민의 먹는 것, 입는 것, 생각하는 것, 치료하는 것까지 책임진다는 복지국가관을 실시하고 있으나, 실상은 이 모든 것을 주지 못하고 일부 몇 사람에게만 특혜를 주고 있다. 국민으로 하여금 시상낙원이라고 믿게 하고는 자신들을 따르게 하는 이상한 복지국가를 건설했다. 인간이 만든 복지국가의 한계성이 여기에 있는 것이다.

예수님은 이렇게 말씀하셨다.

"너희는 빵으로만 살 것이 아니요, 하나님의 말씀으로 살라." (마 4:4)

엿새 동안 땀 흘려 일하고 하루 안식하며 하나님을 경배하라는 말씀을 우리는 기억해야 한다. 미국을 건설한 청교도들은 이 말씀을 충실히 이행하여 모두가 잘사는 미국의 기초를 놓았다. 일하기 싫으면 먹지도 말라는 기초 정신 아래 복지국가를 건설한 것이다. 일하고자 하나 일할 수 없는 자를 철저히 도와주고 일할 수 있는 자에게는 일자리를 주는 것이 미국의 기본 복지 정책이다. 보편적 복지가 아닌 선택적 복지 정책이 미국식 복지 정책이다.

우리나라도 보편적 복지 정책을 펴고 있는 서유럽의 실패를 거울삼아 필요치 않은 사람에게도 호혜적으로 베푸는 정책보다는 꼭 필요한 사람에게만 주는 정책을 펴야 한다. 우리나라는 자원이 없는 국가이기 때문에 선택적 복지 정책을 실시해도 예산 문제를 해결하기 만만치 않을 것이다. 예산을 뒷받침하는 자원이 몇 개의 기

복지
국가
일 자리

업에 의존하다 보니, 그 회사들이 어려워지면 어떻게 대응할지도 생각해야 한다. 캐나다의 경우 무한한 자원에 더해 최근 석유까지 나오고 있는네도 예산 때문에 복지를 줄여가고 있다.

복지 중 제일 중요한 복지는 일자리를 주어 땀 흘려 일하게 하고 일할 수 없는 자를 도와주는 것이다. 이런 복지국가가 바로 성경적인 복지국가라고 생각한다. 토지는 하나님의 소유이고, 가난한 자와 병든 자를 돌보아야 하고, 고아와 나그네를 도와주어야 한다고 성경은 가르친다. 이 성경 말씀을 실천하는 기독교 정신을 바탕으로 복지국가를 이루어 갈 때 진정한 복지 한국이 될 것이라 확신한다.

해피니스와 블레싱

행복은 영어로 해피니스(Happiness)다. 우리는 인생을 사는 목적이 '행복의 추구'라고 이야기한다. 그것을 위해 돈을 벌고, 건강을 추구하며, 명예와 그 밖의 다른 것들을 찾아다닌다.

그러나 행복은 순식간에 왔다가 금방 사라져 버린다. 새로운 주택을 구입해 기쁜 감정도 6개월이면 금세 무감각해진다. 예쁜 여인을 만나 신혼의 달콤함을 즐겨도 3개월이면 깨소금 맛이 사라진다. 맛있는 음식을 먹고 행복감을 느끼는 것은 고작 한 시간이다. 이 행복을 우리는 영원히 우리 것으로 만들지 못한다.

불교에서는 인생의 행복은 없다고 한다. 그래서 허무가 인생의 기본이라는 데에서 불교의 철학이 시작된다. 솔로몬은 그가 쓴 전도서에서 "본인은 왕으로서 인생의 모든 것을 가지고 모든 지혜로써 세상을 살았으나, 말년에 모든 것이 허무하고 허무하니 결국 모든 것은 허무하다"고 말한다. 그의 말은 불교의 철학과 유사하나 맨 마지막에는 "그러나 여호와 하나님을 경외하는 것이 허무에서 행복의 길로 인도하는 유일한 길"이라고 긍정적인 결론을 냈다.

그런데 여기에서 이야기하는 행복은 해피니스가 아닌 블레싱(Blessing)이다. 인간이 스스로 찾아 만들어낸 것이 해피니스라면, 신으로부터 받는 행복은 블레싱이다. 이것만이 영속적이고 오래 갈 수 있는 진정한 행복감이다. 블레싱의 행복은 전적으로 하나님을 의지하고 그에게 인생을 맡길 때 은혜로써 주는 축복이다. 이것을 그리스도의 평강이라고 한다. 이 평강은 가장 비천한 자리에서도 받고 가난한 자에게도 주어지며 병든 상태에서도 큰 기쁨으로 우리에게 온다.

마음의 고통을 겪는 중에도 그 축복을 우리에게 주신다. 나는 사업을 하면서 크고 작은 어려움에 처했을 때가 너무나도 많았다. 그럴 때엔 전적으로 하나님께 의지하고 맡기면 어려움을 이겨낼 수 있는 그리스도의 평강이 온다. 그래서 기업을 경영하면서도 그 많은 스트레스를 이겨낼 수 있었다.

하나님 없이 기업을 경영하는 사람에게 묻고 싶다. 어떻게 종교 없이도 기업을 운영해 나가는지. 참 존경할 만한 사람이라고 칭찬하고 싶다. 그리고 하나님 없이 이 어려운 현대를 살아가는 모든

행복
Blessing

사람에게도 말하고 싶다. '당신은 참으로 용감한 사람'이라고.

하나님의 보호하심으로 온갖 위험에서 벗어났을 때, 그리고 어려운 병으로부터 벗어났을 때 내겐 믿음의 증거가 생겼다. 그래서 내 인생을 이제부터 하나님의 나라와 그 의를 위해 살겠다고 하나님께 약속했다. 그러나 무엇을 어떻게 해야 할지를 몰라 헤매고 있는 나를 발견할 때마다 무력감을 느낀다. 뭔가 분주했고 생각도 많이 했는데 아무것도 하지 못한 하루를 반성할 때가 많다.

하지만 내가 하고 싶다고 해서 하나님의 일을 할 수 있는 것은 아니라는 생각으로 기도를 하면 나의 무력감이 사라지고 다시 용기를 얻을 때가 있다. 예수님이 말씀하신 팔복 중 하나인 '의에 주리고 목마른 자는 복이 있나니, 그들이 배부를 것'이라는 구절을 항상 생각한다.

"하나님 나에게 그러한 복을 주시옵소서. 저는 준비가 되었습니다."라고 기도해 본다. 그러나 그 사명은 더 간절히 구해야 주실 것이라는 생각이다. 아직 준비가 부족한 느낌이다. 나는 내가 만들어 낸 좀이 슬고 잠시 뿐인 행복에서, 하나님이 주시는 축복인 블레싱을 위해 남은 삶을 살아갈 수 있기를 간절히 기도해 본다.

연어 목회와 송사리 목회

지인과 식사 자리에서 담소를 나누다 색다른 감동을 받았다. 대학교수인 지인은 교회에 나간 지 3년 정도 밖에 안 된다. 그런데 자신이 출석하고 있는 교회에 대해 자랑스러워하며 이야기를 시작했다. 목소리에서 교회에 대한 자부심이 느껴졌다.

최근 그 교회에서 예배 시간에 짤막한 간증 시간이 있었고 그 자리에 한 가족이 나왔다고 한다. 자신들은 예전에 가난하게 살았으나 당시 살던 동네기 개빌되면서 아파트 붐이 일어났다고 한다. 마침 목사님의 권유로 아파트를 구입했고 시간이 지나면서 자신도 중산층이 될 수 있었다고 힌다. 또한 복사님은 자신들에게 힘들더라도 외국으로 유학을 가라는 꿈을 심어 주어 실행에 옮겼다고 한다. 외국에서 어렵게 공부를 마치고 돌아온 지금은 대학 교수가 되어

남부럽지 않게 산다고 했다. 한 가정이 빈민층에서 중산층으로 변할 수 있도록 도움을 주셨다며 감격에 차 간증하는 것을 들었다고 한다.

한 사람의 청년이라도 교회에 붙잡아 놓고 싶어 하는 목회자와는 달리, 오히려 해외로 나가도록 권유해 다시 큰 그릇이 되어 그 교회로 돌아오도록 하는 목회였다. 이 간증을 들으니 연어가 냇물을 떠나 태평양을 거쳐 큰 물고기가 되어 고향에 돌아오는 것과 같은 '연어 목회'를 생각나게 했다.

목회자는 교인의 신앙과 사회 진출을 위해 꿈과 희망을 실어주는, 무척이나 중요한 역할을 하고 있다는 생각이 든다. 이 교회는 지금 10만여 명의 신도가 다니는 대교회가 되어 있다. 30년 만의 큰 부흥이다.

나는 이 이야기를 들으며 다른 한 교회를 생각해 냈다. 역사가 60년 가까이 된 그 교회는 한때 부흥했으나 목회자가 바뀌고 나서 급속히 변하기 시작했다. 교인들을 타 교회에게 가는 것도, 성경 공부를 하는 것도 탐탁하게 여기지 않았고 오히려 문제가 있는 것으로 호도해 성도들을 교회 울타리에만 갇혀 있게 하는 목회를 했다.

지금 그 교회의 청년부에는 직업이 있는 사람보다 직업을 구하는 사람이 많고, 40대가 된 한 청년은 직업 없이 지내다 신학교에 입학해 목사를 꿈꾸고 있다. 그럼에도 그 청년은 믿음이 좋다며 칭찬을 받고 있다. 오늘도 그 나이든 청년은 젊은이들과 어울려 CCM을 부르고 있다. 때로는 신나게 손을 흔들고, 때로는 눈물도 흘리면서.

나는 이 모습에서 냇물에만 있게 하는 '송사리 목회'를 생각해 냈다. 교회의 사명은 신령과 진정으로 예배를 드리고 성도를 큰 신앙인으로 키워 사회에 빛과 소금의 역할을 하는 역량 있는 크리스천으로 만드는 것이다. 좋은 교인을 만드는 것도 중요하지만 좋은 크리스천을 만드는 것도 목회자의 큰 보람이 아닌가 생각해 보았다.

오래된 교회일수록 그 교회가 배출한 인물들을 보면 그 교회가 목회를 잘했는지 아닌지 판단해 볼 수 있다. 그 나무의 열매로 목회의 성공을 짐작케 되는 것이다. 굳건한 신앙과 사회적 성숙도를 갖춘 지도자는 '송사리 목회'가 아닌 '연어 목회'에서 나올 것이라 생각해 보았다.

목회자는 자신에게 부족한 부분을 다른 목회자들이나 다른 크리스천들을 통해 교인들에게 보충해 주고 그들을 참된 크리스천으로 키워 주는 것이 진정한 연어 목회자의 모습이라는 생각이 들었다.

'너희 중에 있는 하나님의 양 무리를 치되 억지로 하지 말고 하나님의 뜻을 따라 자원함으로 하며 더러운 이득을 위하여 하지 말고 기꺼이 하며 맡은 자들에게 주장하는 자세를 하지 말고 양 무리

의 본이 되라' (벧전 5:2)는 말씀을 생각해 본다.

사심 없는 '연어 목회'는 하나님이 기쁘게 받으시는 목회가 될 것이고, 좋은 교인은 물론 좋은 크리스천이 넘쳐나게 되어 하나님의 나라와 그의 의가 이 땅에 확장될 것이다.

오늘 많은 목회자들이 내 교회, 내 교인에만 목을 걸 것이 아니라 더 큰 생각과 비전으로 교인들을 양육하고 키워내야 한다는 생각을 해본다.

성도들에게 어느 목회자에게로 가서 신앙생활을 하고 싶냐고 물었을 때 과연 어떤 대답이 나올까?

고독사와 교회의 배려

조간신문에서 눈에 띄는 큼직한 제목을 봤다. 80세 노모가 아파트에서 뛰어내려 자살했다는 기사였다. 이유는 고독사라고 한다. 또한 얼마 전 연예인 C모씨가 자살했다는 기사도 본 적이 있다.

그 역시 이유는 고독사인 것으로 알려졌다. C씨의 자살 며칠 후, 나는 C씨 자녀가 다니고 있는 교회 교인으로부터 그가 유년주일학교 어린이들과 함께 뛰어놀던 모습이 너무나도 생생한데 세상을 떠났다는 사실이 믿어지지 않는다며 아주 아쉬워 했다.

어제 저녁에는 교회 권사님으로부터 전화를 받았다. '이제 연세가 많으시니 성가대에서 물러나시라' 는 이야기를 들었다고 울면서 하소연을 하셨다. 권사님은 "내 남편이 늙고 힘은 없어도 서울대학교에서 정년을 마친 학자" 라며, "돈이 없다는 것과 남편이 교회에

같이 나가지 않는다는 것을 이유로 나를 무시하는 것이 아닌가" 하고 아주 한탄했다.

그분은 어느 장로의 모습 때문에 남편을 적극적으로 전도하지는 않았으나, 그래도 남편은 일생을 학문과 정직으로 살아왔다고 한다. 그 권사님은 교회의 유년부와 대학부를 거치며 평생 동안 교회에 헌신하셨다. 이제 힘도 없고 돈도 없다. 의지할 곳이라고는 교회뿐이다. 이제 교회에서 하나님만 바라보며 봉사하고 싶다고 한다. 성가대에서만 50년이 넘도록 봉사하셨고, 모든 교회 봉사에 빠지지 않고 참여해 손가락이 휘도록 일했다. 말을 잇던 권사님은 또 한 번 엉엉 우셨다.

나 역시 전화를 빈으면서 울컥 눈물이 나는 것을 막을 수 없었다. 그리고 슬픔과 함께 분노를 느꼈다. 그 눈물에는 나 자신에 대한 반성과 권사님에 대한 미안함, 더불어 이토록 노인에 대한 배려가 없는 주변 사람들에 대한 원망이 섞여 있었다.

주일예배 후, 쉼터에서 커피를 한 잔 하고 있었는데 또 다른 은퇴 권사님이 잠깐 이야기를 나누자고 청해왔다. 그 권사님은 노인대학을 올해부터 없앤다는 발표가 사실이냐고 내게 물으셨다. 본인들은 노인대학이 열리는 수요일 하루 나와서 뜨개질도 배우고 건강 강의도 듣고 서로 이야기도 하면서 고독한 마음을 달래고 있었는데 왜 그것을 폐쇄하느냐고 질문한다. "돈 때문에 그러는 것이라

배려

면 우리가 만 원 씩 회비를 올릴 테니 없애지 말아달라”고 통사정을 했다.

교회는 ‘모든 경비를 절감하고 그 돈으로 아프리카와 인도, 중국 등에 선교를 하겠다’는 목사님의 의지가 뚜렷하기 때문에 당회원들도 어쩔 수 없는 실정이라는 것을 나는 너무나도 잘 알고 있었다. 나는 “한 번 노력해 보지요”라고 답변하고는 또 다른 안타까움이 앞서 그 자리를 피했다.

대구에 내가 아는 장애인 한 분이 계신다. 어렸을 때부터 손을 못 쓰는 분이다. 택시를 운전하는 분과 결혼했고, 친정에서 도와주는 생활비를 받으며 살았다. 아들 하나 낳고 남편은 2년 전 심장마비로 세상을 떠났다. 혼자가 된 지 1년 만에 친정아버지도 돌아가시고 몇 달 후 어머니마저 돌아가셔 너무나 외롭게 되었다.

그런데 천주교 교구에서 그 분께 도움을 주었다. 교인들이 쌀도 주고 김치도 주며 틈나는 대로 교구 전체가 그를 돌봐주고 그의 벗이 되어주고 있다. 그리고 경북대학교에 재학 중인 아들에게는 가정교사 사리를 만들어주어 그것으로 생활할 수 있도록 했다. 부모님이 보고 싶을 때에는 성당에 가서 기도하고 찬송하면 슬픔이 사라져 고독감이 없다고 한다.

이 모습을 보며 가톨릭 공동체는 정말 힘이 세다는 생각이 들었다. 신앙적·교리적으로 천주교는 내 신앙과 다르지만 교회가 천주교에 배울 점이 있다는 생각이 들었다. 성경의 '네 형제 부모를 돌보지 아니하고 남을 돌본다고 하는 것은 악한 자보다 더 악한 자'라는 말씀이 생각났다. 어찌 형제자매와 평생 교회에 몸 바친 분들을 돌보지 않고 선교를 할 수 있을까. 왠지 어색한 느낌이 들었다.

선교도 중요하고 젊은이 전도도 중요하고 북한 돕기도 중요하다. 하지만 '네 부모에게 효도하라' 는 성경 말씀도 그에 못지않게 중요하다. '네 늙은 교회 형제를 돌보라' 는 말씀을 기억할 필요가 있다.

고독한 노년에 대한 교회의 배려가 반드시 필요하고 어른들을 잘 챙겨 드려야 한다는 생각이 들어 우울한 하루를 보냈다.

좋은 교인과 좋은 크리스천의 차이

어느 신학교 강의 중 교수가 학생들의 질문에 답하는 시간에 일어난 일이다.

"지난 주에 한국을 방문한 외국 신학자들의 한국 교회에 대한 평가가 어땠습니까?"

이 말을 들은 교수는 이렇게 답했다.

"외국 목사님들의 한결같은 평가는 '한국 교회가 정말 좋은 교인을 만들었다' 는 것입니다."

사실 이는 그리 좋은 평가가 아니라는 또 다른 표현의 이야기인 셈이다. 좋은 교인은 무엇을 뜻하는 것일까. 왜 '좋은 크리스천' 이 아니라 '좋은 교인' 이라고 평가를 했을까. 이것이 우리가 받은 평가라면 앞으로 우리는 어떻게 변해야 할 것인가 곰곰이 생각해 보았다.

목사님들이 생각하는 좋은 교인은 전도를 잘 하고, 헌금을 잘 내고, 교회에 봉사를 잘 하고, 목사님 말씀에 순종하고, 교회에 출석을 잘 하는 교인이다. 이런 교인이 최고의 교인이다. 서울의 한 교회의 목회자 한 분은 이를 점수화해서 교회의 직분자 선정 때 반영했다고 한다. 그런데 막상 점수대로 집사 자격, 장로 자격을 만들어 선거를 했다가 큰 어려움을 겪었다. 많은 교인이 반발했으며 일부는 실망해 교회를 떠나는 등 항의가 심했다고 한다.

오래 전 서울의 어느 교회에서 있었던 일이다. 목사님이 미국 라스베이거스 도박장에서 큰 액수의 교회 돈을 잃고 귀국했다. 교인들은 분노했다. 어떻게 목사님이 교인들의 헌금을 가지고 노름을 하냐며 어처구니없는 일이라고 격분했다. 그러자 이 소식을 들은 목사님이 설교 시간에 이렇게 말했다.

"여러분, 제가 돈을 잃었습니다. 그러나 이는 제가 교회 건축을 위해 돈을 따기 위한 것이었습니다. 제가 미국까지 가서 돈을 따려고 얼마나 고생했는지 아십니까? 이 고생은 모르고 저에게만 잘못했다고 하시면 무언가 은혜롭지 못한 생각입니다."

그러자 많은 교인들이 '아멘'을 외쳤다. "목사님 수고 많으셨습니다."라고 답하는 교인도 있었다고 한다. 그래서 이 문제는 그럭저럭 수습이 된 모양이다. 참으로 좋은 교인들, 좋은 장로님들이라고 수군거렸다고 한다.

오래 전 어느 목사님의 설교 말씀이 TV에 나왔다. 나는 그 목사님이 유명하신 분이라 끝까지 설교를 경청했다. 목사님의 신학은 좀 특이했다.

"성경 말씀은 하나님의 말씀이라고 하지만 실은 바울 서신, 베드로 서신 등 사람의 편지입니다. 그렇지 않습니까, 여러분?"

그러자 많은 사람들이 고개를 끄덕였다. 말씀은 이어졌다.

"그러나 이 서신이 목사님의 해석을 통해 설교로 나갈 때, 이것이 하나님의 말씀이 되고, 이 말씀을 들은 성도들은 목사님을 떠날 수 없을 것입니다. 이 말씀을 듣고 은혜를 받았기 때문입니다."

나는 무척 놀랐고 약간 분노했다. 아마 바르트(Karl Barth)의 자유 신학에 기반을 둔 신학적 해석인 모양이다. 그러나 하나님 말씀의 권위를 너무 훼손했다는 생각이 들었다. 목사님에게 충성하는 교인은 만들 수 있을지 몰라도 하나님은 기뻐하지 않으실 것이라는 생각이 들었다. 목사님이 생각하는 좋은 교인은 진정으로 좋은 크리스천의 이미지와는 좀 다르다고 생각한다.

어제는 회사를 방문한 은행의 본부장과 이야기를 나누는 시간을 가졌다. 그분은 천주교인이다. 그리고 본인이 아주 좋은 교인이라고 생각한다. 나는 그에게 왜 천주교에 다니느냐고 물었다. 아마 전에는 교회에도 열심이었던 것 같았다.

좋은 크리스천
좋은
교인
하나님 사람
회심

"천주교는 좀 편해요. 십일조가 없어서 부담이 없고, 술과 담배도 자유롭고, 주일 미사 외에도 토요일에 나가도 되고요. 제사도 지낼 수 있고, 교인들끼리 화합하고 서로 잘 도와주기 때문에 아주 편한 교인 생활을 할 수 있어서 좋습니다."

"그래요. 천주교는 아주 편하군요."

"주일에 골프도 칠 수 있고요. 그리고 신부님들이 실력이 있어요."

"그래요?"

좁은 길로 가라는 말씀이 생각나고, '넓은 문은 지옥으로 가는 길'이라는, 주일학교 때 매일 들었던 선생님 말씀이 생각났다. 어떻게 좋은 교인의 개념이 기독교와 천주교는 이토록 차이가 날까 생각해 보았다. 똑같이 하나님을 믿고 예수님을 믿는 종교인데, 천주교에서는 성경의 권위를 하나님 말씀으로 인정하지만 교회 회의를 거쳐야 완전한 하나님의 말씀으로 인정되고, 이것이 교리로 확정될 때 진정한 교인이 지켜야 할 만고불변의 교리가 된다. 그래서 외경(外經, Apocrypha)도 또 다른 하나님 말씀으로 인정받았다. 이 교리도 바르트 신학과 유사한 점이 있다고 생각됐다.

미국의 청교도들은 '좋은 교인'을 원하지 않고 진정한 하나님의 사람인 '좋은 크리스천'을 목표로 했다. 그들은 제일 중요한 크리스천의 덕목으로 회심(回心, conversion)을 강조했다. 즉 회개하고 행실이 하나님 보시기에 인정받는 그러한 신자를 크리스천으로 교회가 인정하는 것이다.

이러한 교인이 되어야 참정권과 피선거권을 줄 것을 강조했고, 성경에 맞는 헌법을 만들고 이 땅에서 믿음과 행함이 같이 가는 기독교 국가를 목표로 세운 나라가 바로 미국이었다. 이것이 청교도 정신이며 좋은 크리스천의 생활 규범이었다.

교회에서 좋은 교인이 사회에서도 좋은 시민이 되고, 교회생활과 일상생활이 일치되는 크리스천을 외국 목사님들은 원했던 모양이다. 우리의 모습만 보아도 그리스도를 연상할 수 있는 좋은 크리스천이 이 땅에 많이 배출되기를 기도해 본다.

내가 받은 모든 것은 하나님의 것이고 이것은 하나님의 나라와 그의 의를 위해 사용된다는 믿음으로 세상을 살아간다면, 진정한 크리스천이 될 것이고 세상에서 하나님을 기쁘게 한 일을 하는 사람이 될 것이다. 우리가 세상에 사는 동안 할 일은 하나님을 경외하고 그의 말씀에 순종하는 삶을 사는 것이라는 성경 말씀을 명심해야 한다. 이것이 진정한 크리스천의 삶을 사는 것이라고 생각한다.

02

성경 속에서
배우는 진리

믿음의 증거를 역사 속에서 배우다

몇 년 전, 이스라엘의 거래처 슈바르츠 박사의 딸 결혼식에 초청을 받아 유대인 전통 결혼식에 참석한 적이 있다.

결혼식은 아주 성대했다. 그런데 결혼식 중에 특이한 예식이 있어 눈길이 갔다. 새신랑이 포도주 잔을 발로 밟아 깨는 장면이었다. 그 순간 하객 모두가 긴장한 채 진지하게 바라보고 있었다.

결혼식이 끝난 후 슈바르츠 박사에게 그 의식이 무엇인지 물어보았다. 그 의식은 이스라엘의 성벽이 무너지고 나라가 망한 것을 기억하고 다시는 그런 일을 당하지 말자는 뜻이라고 했다. '용서는 하되 잊지는 말자' 는 뜻이라고 한다.

역사는 영어로 'HISTORY' 라고 표기한다. 'HISTORY' 란 '그의 이야기'라는 뜻이다. '그'가 누구인가. 역사를 주관하시는 하나님이며, 역사의 주인이신 하나님의 이야기가 결국 역사다. 이스라엘 국민의 역사를 기억하고 자손들에게 이것을 전수하는 방법으로 택한 것이 결혼식장에서 모든 하객들과 함께 종교 지도자인 랍비의 주관 하에 기념행사를 하는 것이다. 참으로 현명한 민족이라는 생각이 들었다.

지난 6월 6일은 현충일이었다. 조국의 오늘을 지킨 분들을 기억하고 감사하는 날이다. 그리고 수난의 역사를 되짚어 보고 다시는 이러한 어려움을 겪지 말자는 감시와 각오가 필요한 날이다.

한편으로는 빨치산 축제를 열겠다는 분들의 기념행사 건으로 논란이 생긴 것을 뉴스를 통해 알았다. 그분들도 지리산 자락에서 공산주의를 위해 싸우다 돌아간 형제와 부모님들의 힘들었던 일들을 생각하면서 무언가 기념하고 싶은 마음이 간절했을 것이란 생각이 든다. 그분들의 한도 이제는 풀고 가야 할 때가 된 것 같다.

현충일은 대한민국의 정통성을 위해 목숨 바친 영령들에 대한, 그리고 그 가족들에 대한 배려가 우선시 되어야 한다는 생각이 든다. 이 나라는 자유민주주의 국가인 대한민국이기 때문이다. 그리고 북한의 핵 위협이 가중한 때이기에 더욱 그렇다.

이스라엘 민족은 믿음의 증거들을 모두 가지고 있다. 그리고 그것을 기록으로 남겨 하나님을 잊지 않도록 자손에게 교육시키고 있다. 홍해를 건너게 하신 하나님, 유월절의 기적과 조상 야곱의 축복의 돌 제단, 요단강을 건너 여리고 성을 허락하신 기념의 돌 제단 등 무한히 많은 믿음의 증거들이 남아 민족이 흩어지거나 하나님을 떠나지 말고 그분 안에 있어야 민족이 살 수 있다는 믿음의 증거를 제시하고 있다.

하나님은 선민인 이스라엘과 끝까지 함께 하신다는 믿음을 수천 년 간 이어오게 하고 교육하여 세계에서 제일 부자인 민족을 만들었고 문화, 사회, 예술에서 이들은 으뜸 민족이 되었다. 인구가 천만도 되지 않는 나라가 세계의 역사를 지배하고 있다.

우리는 믿음이 약해질 때가 많다. 그 때 바로 믿음의 증거가 우리를 다시 하나님께 돌아오게 한다. 믿음의 증거는 방언이 될 수도 있고, 죽을병에서 치료되는 경험, 풍전등화의 위기에서 생명을 구해 주신 것, 경제적으로 어려울 때 기적같이 회복시켜 주신 경험, 실망과 좌절로부터 죽음의 직전에서 구해 주신 것 등 모든 것이 믿음의 증거이다. 믿음만이 약할 때 하나님이 우리를 연단시키시고 정금과 같이 순수하게 민드시고 우리를 그의 사녀로 확고하게 만드신다.

그래서 때로는 큰 시련과 연단이 우리의 믿음의 증거가 되어 신앙이 대를 이어가게 된다. 이것이 바로 역사의 주관사이시고 나의 주관자이시며 이민족의 주관자이신 하나님의 은혜라고 생각한다.

오늘날 조국을 위해 몸을 바쳐 위기의 조국을 지킨 영혼들에게

믿음의
증거

하나님의 사랑과 은혜가 함께 하시기를 기원한다. 그리고 그 가족
들에게 따뜻한 감사의 뜻을 전한다. 또 젊은 나이에 이역만리에서
이 나라와 민주주의를 지키려 목숨 바친 미국을 비롯한 참전국 병
사에게도 감사하는 마음이다.

가나안 교인과 니골라당

요한계시록에 매우 중요한 당의 이름이 나온다. 주님께서 에베소 교회에 대해 칭찬하시는 말씀이다.

"네가 니골라당의 행위를 미워하느냐. 나도 이것을 미워하노라."(계 2:6)

그리고 버가모 교회에 대해서도 "이와 같이 네게도 니골라당의 교훈을 지키는 자들이 있도다. 그러므로 회개하라. 그러지 아니하면 내가 네게 속히 가서 내 입의 검으로 그들과 싸우리라."(계 2:15~16)고 말씀하신다.

니골라당은 당시의 교회를 어지럽히던 이단 중 하나로, 육체를 무시하고 영혼만 소중하게 여겼으며 율법이 전혀 소용없는 것이라고 주장하면서 하나님의 은혜 안에 있는 자는 무슨 일을 해도 죄가 되지 않는다는 교리를 퍼뜨리고 다녔다.

또한 그들은 교회 내에서 막강한 세력을 형성하고 백성을 지배한다는 정치 논리를 가지고 교회 내 계급을 형성하고 평교인들을 억압하는 행위를 했다. 아마 지금으로 따지면 교회의 장로나 성직자 급도 포함된 막강한 세력으로 간주된다. 이 당을 주님은 아주 싫어하셨다.

요즘 '가나안 교인'이라는 새로운 단어가 신문에 나온다. 나도 처음엔 무슨 소리인지 몰라서 알아봤더니 어떤 이유에서인지 교회에 나가지 않고 집에서 예배를 드리는 기독교인을 지칭한다고 한다.

가나안을 거꾸로 읽으면 '안나가'로 읽힌다. 이들의 수가 100만 명이 넘는다는 신문 기사를 읽은 적이 있다. 교회의 어떤 요인이 그들로 하여금 교회를 떠나게 만들었는지 무척 궁금했다.

교회엔 교회의 중심이 되는 조직이 있다. 장로와 기타 직분자들과 목회자가 그들이다. 현재는 목회자가 중심이다. 이 목회자의 재정 투명성, 세습, 도덕성, 윤리성이 요즘 문제가 되고 있다. 잘못된 줄 알면서 무조건적으로 목회자 편에서 맹종하고 따르는 장로들도 적지 않게 있다.

이들 중에는 목사님께 잘 하면 복을 받는다는 믿음을 가진 분들도 있다. 이런 것들 때문에 실망해서 교회를 떠난 사람들도 적지 않다. 사회보다 앞선 도덕성을 생각했던 교인들을 교회가 실망케

. . . .
안 나가

한 경우다.

또 다른 경우를 미국의 어느 신도에게서 들은 적이 있다. 한국유나이티드제약의 미국 공장이 있는 앨라배마의 주 정부에서 재정 장관을 지낸 분이다. 이 분의 교회는 주에서 제일 오래되고 큰 대형 교회 중 하나라고 한다. 어느 날 동성애자 교인이 몇 명 교회에 등록하기에 대수롭지 않게 생각하고는 잘 대해 주었다.

그러자 얼마 되지 않아 이들이 한 명씩 늘어났고 급기야 이들의 수가 너무 많아져 교회를 떠나라고 했다. 몇 달이 지난 후 목사님이 설교 시간에 비상 선언을 했다. 목사님은 "나도 게이입니다. 동성애자를 사랑하든지 아니면 당신들이 교회를 떠나시오." 라고 선언했다.

그래서 자신을 비롯한 많은 교인이 교회를 떠나 가나안 교인이 되었다고 한다. 젊었을 때 본인도 많은 돈을 내어 교회를 세웠으나 지금은 늙고 돈도 없어서 새로운 교회를 세우지 못해 서럽다고 했다.

교회는 이 가나인 교인을 다시 교회로 이끌어 내야 한다. 손경받는 교회상이 만들어지고 잘못된 일부 목회자들이 도덕성을 회복하고 교회 재정의 투명성과 디불이 교회가 가지고 있는 본래의 정체성을 확립하는 것이 중요하다고 생각한다.

헌금과 교회 성장만 내세우지 말고, 세속의 문화를 교회에 끌어들이기를 그쳐야 한다. 그리고 예수님의 십자가가 빠진 설교를 그치고, 예수님 중심의 교회로 거듭나야 그들이 교회로 돌아오리라 생각한다. 예수님께 칭찬받는 대한민국 교회가 되기를 안타까운 마음으로 간절히 기도한다.

성경에서 발견하는 세상의 지혜

"모든 사람들이 자신을 인자하다고 자랑하니 진정으로 충성된 사람을 만나는 것은 정말 어렵다. 또한 여기 저기 다니면서 한담(閑談)을 하는 사람은 남의 비밀을 쉽게 누설하니, 입술을 벌린 자를 사귀지 말 것을 경고하며 또한 그러한 악한 자들과는 음식도 같이 먹지 말고 그들이 좋아하는 음식도 탐하지 말라"(잠 23:1~9)는 성경 말씀이 있다. 오늘을 사는 우리에게 정말 귀중한 말씀이 아닐 수 없다.

회사를 경영하다 보면 가끔 한담하며 남의 이야기를 하는 사람들을 많이 본다. 점심 식사 후 여직원들이 모여서 어떤 대화를 하는지 장난삼아 물어본 적이 있다. "아무개 여직원이 어떻다더라." 신나게 이야기한다. 그리고 다음엔 대상이 또 바뀐다. 그런 식으로 나

중에는 결국 모든 사람이 다 대상이 되는 경우도 발견한 적이 있다. 이로 인해 직원들끼리 불화가 생기고 싸움이 길어지는 경우도 본 적이 있다.

그리고 한담하는 사람들끼리 저녁 회식 때엔 서로 절친해져 술판을 벌이는 것도 보았다. 영업사원의 경우, 실적이 나쁜 직원이면서 회식 자리에서만큼은 만사형통의 가장 유능한 사원으로 변신해서 야간대통령이 되는 경우가 있다. 신입사원은 이들의 이야기를 듣고 나쁜 영업 습관을 갖게 되고, 일생의 첫 단추를 잘못 꿰어 실패하는 인생을 살게 되는 것을 많이 보아 왔다. 그래서 성경은 나쁜 사람과 음식을 같이 먹지 말라고 경고하고 있다.

성경은 **"포도주는 거만하게 하는 것이요, 독주는 떠들게 하는 것이라 이에 미혹되지 말라"**(잠 20:1)고 말씀하신다. 과음으로 인한 실패를 경계하는 말씀이다. 회사 업무 중 무언가 잘 한 것이 있다고 해도 주변의 질투가 많은 것이 직장 생활이다. 그래서 성경은 "너는 내일 일을 자랑하지 말라 하루 동안 무슨 일이 일어날지 알 수 없다. 타인이 너를 칭찬하게 하고 네 입술로는 하지 말라"고 하신다.

또한 사회생활에서 아첨하는 사람으로 낙인찍히면 난처해진다. 그래서 성경은 또 이를 경계하고 있다. "이른 아침에 큰 소리로 이웃을 축복하면 도리어 저주같이 여기게 되리라"고 한다. 특히 교회

지혜
성
경

내에서 이런 부류의 일들이 있어 눈살을 찌푸리게 하는 사람들이 있다.

성경은 살아 계신 하나님의 말씀이다. 성경에는 구원 받는 것과 전도하고 십일조 내는 것, 복 받는 것과 더불어 세상을 사는 지혜를 우리에게 주신다. 그리하여 기독인으로서 세상에 나아가 어떻게 살고 어떻게 지혜로운 방법으로 성공하는지를 제시하고 있다. 그리하여 우리 성도들이 사회의 리더로서 빛과 소금의 역할을 다 하여 그 착한 행실로 인해 전도가 되도록 인도하고 계신 것이다. 꼭 "우리 교회에 나오십시오."라고 진돗개 전도를 하지 않아도 우리는 씨만 뿌리면 하나님이 열매를 맺게 해 주시는 것이라고 생각한다.

경영자에게도 성경은 "경영은 의논함으로 성취하니 지략을 베풀고 전쟁할 지니라"고 가르친다. 여러 임원과 직원들 의견을 듣고 좋은 경영 전략을 세워서 경쟁사와 경쟁하라는 말씀이다. 좋은 마케팅 전략 없이 주먹구구식으로 경영하면 안 된다는 말씀이다. 또 대관 업무를 할 때에도 경계하는 말씀이 있다. "네가 관원과 함께 음식을 먹게 되거든 삼가 네 앞에 있는 자가 누구인지 생각하며, 네가 음식을 탐하면 네 목에 칼을 둘 것이고 그가 좋아하는 맛있는 음식은 먹지 말라"고 지적하신다. 이보다 더 정확한 방법을 제시하는 경영 서적은 없다.

이 성경 구절들을 잘 순종하는 유태인들은 어렸을 때부터 어머니 젖을 먹으며 이것들을 몸에 익혔고 세계적인 기업가와 정치가, 예술가들을 배출했으며 노벨상 수상자들도 많이 배출했다.

성경은 세상의 지식과 하늘의 지식을 모두 전하는 지식의 보고이다. 사람의 지혜가 아닌 우주를 창조하신 전능하신 하나님의 지혜이다. 성경을 즐겨 읽는 것은 세상을 살아가는, 그리고 세상을 이기는 방법을 배우는 길이다. 링컨은 초등학교도 못 나왔지만 성경을 통해 대통령까지 된 인물이다. 이 밖에도 많은 인물들이 세상에서 존귀하게 된 경우가 많다.

글로벌 인재가 되는 방법은 성경을 잘 배우는 것이다. 그리고 최소한 영어를 잘 한다면 큰 도움이 될 것이다. 주 안에 길이 있다. 말씀과 기도를 게을리 하지 않으면서 꿈을 기워 긴다면 어려운 세상을 이길 성공의 능력도 함께 할 것이라는 확신이 든다. 하나님께 우리의 앞길을 간절히 구해 보자. 그러면 주실 것이다.

카사 로마(Casa Loma)

카사 로마(Casa Loma)는 캐나다 토론토의 제일 높은 언덕 위에 있는 커다란 성이다. 이 성을 건축한 사람은 캐나다의 제일가는 부자였던 헨리 펠랫(Henry Pellatt) 경이다. 1911년 당시 360만 달러를 들여 지은 캐나다 최대 규모의 개인 저택이다. 그 화려함과 크기는 웬만한 왕궁보다도 더 찬란하다.

그러나 호화로운 생활은 10년 만에 끝났다. 펠랫 경의 사업 실패로 인한 재정 파탄으로 저택은 경매에 넘어갔고, 결국 이 성은 정부로 이관되어 관광지가 되고 말았다. 슬픈 역사를 가진 성이다. 카사 로마는 그 역사를 오늘날 모든 사람들에게 큰 교훈으로 보여주고 있다.

이 펠랫 경은 자본가로서 캐나다의 제일가는 부자였고, 또한 군인으로서 자신의 군대를 갖고 있었다. 제1차 세계 대전 때엔 최고사령관으로서 혁혁한 공을 세운 군인이었고, 자선 사업에도 공을 들인 캐나다 제일의 명사였다. 육상 단거리 경주의 국가대표 급일 정도로 운동에도 재능이 있었다고 한다. 모든 것을 다 갖춘 사람이었다. 그러나 그도 마지막에는 재정 파탄으로 인해 모든 재산이 몰수되고 어려운 말년을 보냈다고 한다.

하나님이 모든 것을 주셨을지라도 자신의 명예와 자신의 뜻대로만 재물을 쓸 때, 하나님의 영광을 자신의 것으로 만들 때, 그 영광을 다시 거두어 가시는 분도 하나님이시라는 것을 우리에게 알리는 좋은 사례다.

하나님의 영광을 자신의 것으로 만드는 것은 정말 위험한 일이다. 이번 카사 로마 방문은 내가 하나님의 영광을 위하여 산다고 말을 하면서도 실제로는 자신의 영광을 위해 살지 않았나 하는 반성의 기회가 되었다.

많은 이단들이 처음에는 하나님의 영광을 위하여 일하다 그 영광을 자신의 것으로 만들고 이단 종교를 만든 예가 너무나 많다. 내가 어렸을 때 P장로의 신유는 대단했다. 한강 백사장에서 집회를 할 때엔 흰 옷을 입은 성도들의 물결이 장관을 이뤘다. 그리고 그의 치유의 은사는 모든 기독교인으로부터 절대적인 신망을 받았다. 그러다 그가 교만해지면서 하나님의 영광을 가로채갔다. 그리고 그

때부터 그의 인생은 나락으로 떨어졌다. 이 때 이곳에서 여러 물품도 많이 생산됐는데 이를 기억하는 성도들도 많을 것이다.

그리고 정말 많은 목회자들이 한국 교회의 부흥을 이룬 혁혁한 공에도 불구하고 마지막 임종 시에는 한국 교회에 덕을 끼치지 못하고 불명예스럽게 생을 마감했다는 것을 우리는 기억할 것이다. 그들 모두 물욕을 갖고 하나님의 영광을 자신이 받아서 된 결과라고 생각한다.

‘모든 것은 하나님의 것이고 나는 그것을 받아서 관리하다가 돌아간다’ 는 청지기 정신이 바로 올바른 성경관이다. 이것이 하나님이 나에게 주신 탤런트이고 이것은 하나의 탤런트를 받은 사람, 다섯이나 열의 탤런트를 받은 사람이 다를 뿐이다.

그리고 마지막에는 주인에게 돌려주고 심판을 받게 되는 것이다. 이익을 남긴 자는 칭찬을 받고 더 큰 상급을 받는 것이고, 땅에 묻어두거나 손해를 냈으면 게으르고 악한 종이라고 벌을 받을 것이다. 이것이 성경의 물질관이고 하나님이 우리에게 주신 사명관이다.

이 모든 것을 도적질하고 내 것으로 만들며 내가 하나님 대신 영광을 가로챈다면 그것은 하나님이 기뻐하실 일이 아닐 것이다. 물질 뿐만 아니라 내가 가진 모든 지식, 모든 재능도 여기에 포함되는 것이다.

내가 받은 모든 것은 하나님의 것이고 이것은 하나님의 나라와

하나님 경외
말씀 순종

그의 의를 위해 사용된다는 믿음으로 세상을 살아간다면, 진정한 크리스천이 될 것이고 세상에서 하나님을 기쁘게 할 일을 하는 사람이 될 것이다. 우리가 세상에 사는 동안 할 일은 하나님을 경외하고 그의 말씀에 순종하는 삶을 사는 것이라는 성경 말씀을 명심해야 한다. 이것이 진정한 크리스천의 삶을 사는 것이라고 생각한다.

"주님, 도와주십시오. 그대로 살기는 정말 어렵습니다. 그러나 주님이 도와주시면 가능할 것입니다." 라고 기도를 드린다.

종교의 본질과 종교 마케팅

종교에는 '본질'이 있다. 그리고 인간이 만든 '제도와 형식'이 있다. 유대교의 경전이라고 하는 율법에도, 본질인 하나님이 직접 주신 율법이 있는가 하면, 종교 지도자들이 추가해 만든 율법과 계율이 있다. 예수님께서는 본질적인 하나님 말씀을 등한시하고 종교 지도자가 만든 계율에 매달리는 것을 경계하시고, 경우에 따라 심하게 질타하신다. 유대 종교 지도자들에게 뱀의 자식이라고 칭하시기도 하신다.

이슬람교도 마찬가지다. 창시자인 마호메트가 살던 당시 아랍 국가 전체는 혼합 종교를 믿고 있었디. 디릭힌 친사, 좋은 전사 등 다신교의 성격을 가진 조로아스터교가 아랍권의 종교였다. 이때 마호메트가 '유일한 신은 알라이며 나는 선지자'라고 말하며, 유일한 하나님이신 알라만 믿으라고 강조했다. 그는 이 계시를 가브리엘 천사로부터 직접 받았다고 했다. 마호메트 자신은 문맹이었고 경전을 만들 만한 사람이 아니었다. 그러나 유일신을 숭배하는 이슬람교는 많은 전쟁을 통해 모든 아랍 국가를 다신교인 조로아스터교로부터 유일신교인 이슬람교로 통일했다. 이 알라신은 유대교에서 말하는 하나님과 동일하다고 그들은 주장하고 있으며, 성경적으로도 이해가 된다는 성경학자들의 견해가 많다.

그러나 근래에 와서 약간의 다른 신학을 도입한 이슬람교는 정치적 목적으로 자살을 성전의 순교 방법으로 만들어 버렸다. 자살특공대가 되어 순교하면 사후에 일곱 예쁜 처녀가 시중을 든다고 하고, 천국에서 안락한 생활을 할 수 있다고 마케팅을 펼쳤고, 전 세계에 이슬람을 테러의 종교로 인식시켰다. 그러나 일부 계파에서는 자살이 순교가 아니라고 말하고 있다.

천주교도 중세를 거치면서 교황의 권위와 성당의 건축을 위해 이상한 교리를 만들었다. 바로 사제주의와 성물주의다. 사제가 죄를 사해주는 권한이 있으니 지옥에서 천당으로 보내줄 거라며 면죄부를 팔았다. 이 또한 성당 건축과 교황청 재정을 위한 종교의 마케팅이다. 성물주의는 성자의 유골이 불치병에 특효가 있으니 그것에 기도해 치유를 받을 수 있다는 교리다. 그리하여 성배와 성인들의 옷 등을 우상화하는 일이 있었다. 이것들은 곧 마르틴 루터가 일으킨 종교 개혁의 시발점이 되었다.

불교는 깨달음의 종교다. 수행과 선을 통해 부처가 되는 종교이다. 그러나 이 종교가 각 나라의 토속 종교와 합쳐지자 소원을 들어주는 효험 있는 불상을 만드는가 하면 부처의 어떤 부위는 아들을 낳는 데 효험이 있다고 이야기하는 등 많은 사람이 무속 신앙에 매달리는 것을 볼 수 있다. 한국 사찰에 있는 사천왕상은 불교와 전혀 관계가 없는 조각이다. 점을 치고 관상을 보는 것도 본질을 떠난 것들이다. 그러나 갓바위 같은 불상은 사찰의 수입에는 막대한 영향을 주고 있다.

기독교의 경우 교회란 이름 대신 1970년대까지 예배당이라 불렸다. 교회의 기능을 하나님께 예배드리는 곳이라고 정한 것이다. 그래서 신령과 진정으로 예배를 드리는 곳이 교회인데 요즘 교회들은 '섬김과 봉사를 내세운 교회', '선교와 전도를 내세운 교회', '젊은이를 위한 교회'라고 캐치프레이즈를 내걸고 요란하게 활동하고 있다.

그러나 교회의 본질인 예배가 되살아나지 않으면 한국 교회는 계속 추락할 수밖에 없다는 신학자들의 지적이 많다. 교회는 경건함을 회복하고, 말씀과 교인의 영적 성장을 기본으로 확립해야 하며, 그것을 기초로 전도와 선교와 봉사가 이루어져야 한다.

요즘 민중 신학이라고 하여 사회 참여를 강조하는 신학이 생겨

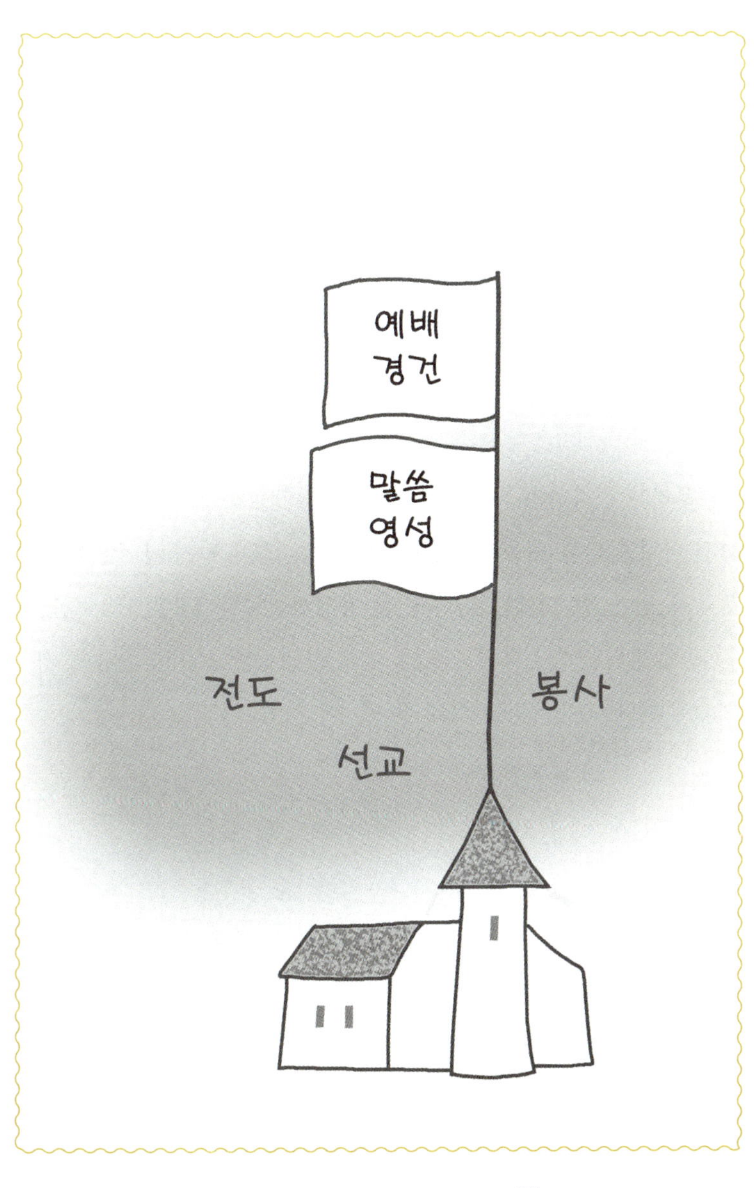

예배
경건
말씀
영성
전도
봉사
선교

나 정치적인 목적을 가지고 제주도 해군기지 반대 등 적극적으로 사회에 참여함으로써 국민들을 의아하게 만드는 일도 있다. 교회의 본질을 벗어난 종교적 마케팅은 사람이 중심인 새로운 종교를 탄생시킬지도 모른다.

세계 단일 종교를 위한 종교 다원주의 신학이 '예수님 없는 종교'를 만들고, 이 사상을 가진 WCC 세계 대회가 현재 우리 기독교 내에서 큰 분쟁을 일으키고 있다. 본질을 잊지 말고 신학의 실천 방안을 찾아야 하겠다.

'우리가 전파하지 아니한 다른 예수를 전파하거나 혹은 너희가 받지 아니한 다른 영을 받게 하거나 혹은 너희가 받지 아니한 다른 복음을 받게 할 때에는 너희가 잘 용납하는구나' (고후 11:1~6)라는 성경 말씀을 명심하여, 광명의 천사로 가장한 사이비 신앙을 경계해야 한다. 기독교의 본질을 잘 지켜야 하겠다.

실제적 믿음과 바른 신학

신앙생활을 한 지 60년이 넘었지만 무언가 정리되지 않은 것 같고 허전할 때가 많다. 하나님 앞에 아무 것도 한 게 없다는 생각에 부끄럽다는 생각이 든다. 또 아직도 미숙하다고 느껴지는 나의 신앙을 탓할 때도 많다.

여기에 '신학' 이라는 단어와 '교리' 라는 단어를 생각해 보면 어렵게 느껴질 때가 많은 편이다. 신학은 나와는 전혀 상관이 없는, 목사님들이 연구하는 학문 정도로 생각될 때가 많다. 이 생각은 비단 나만의 생각이 아닐 것이다. 평신도라면 한번쯤 생각해 보았을 문제라 여긴다.

그래서 만든 것이 '갈렙바이블아카데미' 인데, 이는 평신도 신학 공부 과정이다. 신학에 관심을 갖고 막상 공부를 시작해 보니, 신학은 그리 어려운 것이 아니라는 생각이 든다. 신학이라는 것을 하나님에 관한 연구나 학문이라고 생각한다면 내가 평생 생각하고 기도했던 것이 바로 신학이라는 생각이 들었다. 우리가 거듭나서 하나님의 본성과 말씀을 이해한다면 우리가 정리해 본 적이 없을 지라도 우리는 일종의 신학을 알고 있는 것이 아닌가 여겨진다. 이것은 나름대로 새로운 발견이었다.

우리가 매일 하나님의 영광을 위해 무엇인가를 기도하고 있다면 그것이 바로 최고의 신학자가 되는 길이고, 이 목적을 위해 그 분의 말씀인 성경을 연구하는 것이 바로 신학의 기초가 된다는 생각을 해 보았다.

우리가 세상을 살아가며 가치관을 결정하는 데 가장 중요한 요소는 바로 '신앙의 내용' 이다. 그리고 신앙의 내용을 가리켜 '교리' 라고 한다. 따라서 기독교적 교리는 기독교적 삶의 기틀을 제공하고 모든 판단의 기준이 된다.

그러나 성경 공부 없이 목사님의 설교만으로 신앙의 내용을 채운 많은 교인들은 훗날 나이가 들면 '내가 진정 무엇을 아는지 모르겠다' 는 독백을 하곤 한다.

따라서 젊을 때 신앙에 대한 확신을 갖고 올바른 신앙관을 확립하며 살다보면 하나님께 인도를 받고 하나님의 보호하심과 그 분의 사랑 속에 성공한 삶을 살 수 있게 된다. 그래서 유태인들은 아

성공
바른 신앙관

이들이 세 살 때부터 성경 암송과 신앙 교육을 철저히 시킨다. 그리고 세계적으로 성공한 예술가나 경제인, 정치인들을 많이 배출했다.

하나님이 어떤 분이시고, 무엇을 바라시는지, 그 분을 노하게 하거나 기쁘게 하는 것이 무엇인지를 성경 속에서 스스로 찾고 성경의 말씀을 자신의 것으로 만들어야 한다는 생각을 해본다.

신학의 큰 줄기는 인간을 중심으로 생각하는 인본주의 신학, 즉 자유신학과 하나님을 중심으로 생각하는 신본주의 신학이 있다. 요 근래에는 인본주의 자유신학을 공부한 목사님이 너무 많다. 그 속에 하나님이 계신지 깊이 생각하면서 목사님의 말씀을 들어야 한다. 우리 주 예수그리스도 이외에도 구원이 있다는 종교다원주의도 자유신학에서 주장하는 부분이다.

이제 우리의 영혼을 위해 성경 말씀에 따라 기도하고, 겸손하며, 의로운 삶을 살 때, 성령의 말씀은 우리에게 올바른 판단력을 주실 것이다. 같은 교회일지라도 예전에 계셨던 원로 목사님과 젊은 후임 목사님의 설교 내용은 신학의 차이에 따라 전혀 다를 수 있다. 신학의 차이로 인해 생기는 실제적 믿음과의 괴리는 신앙의 충돌을 만들어 낸다.

양들은 괴롭다. 하지만 우리는 성경 말씀과 성령의 인도하심으로 잘 극복해 나가야 한다. 이것은 결국 개개인의 몫이므로 깊은 영성만이 해답이란 생각이다.

청교도 운동에서 배우는 기독교인의 삶

세상을 살아가는 세계인들의 정체성을 보면서 종교와 함께 살아가는 사람들과 종교와 생활이 분리되어 살아가는 사람들을 만날 수 있다.

모슬렘은 종교와 생활이 하나 되고 신앙이 곧 생활 자체인 사람들이 대부분이다. 유대인들도 종교가 생활이 되고 그 지킴이 삶의 중심이 되어 실고 있는 사람들을 쉽게 만날 수 있다. 그러나 유럽에서는 일생에 단 몇 번만 교회나 성당에 나가는데도 스스로를 기독교인이라고 말하는 사람들을 보게 된다. 그런데 여기서 자세히 살펴보면 교회는 잘 안나가더라도 기독교 문화는 여전히 그들의 생활을 지배하고 있는 것을 발견할 수 있다.

우리나라에는 불교 신자가 많다. 기독교인보다 훨씬 더 많다. 그들을 만나 볼 기회가 많다. 그들은 자신들의 종교가 불교라고 말은 했지만, 실제로 불교의 교리나 정신을 말하는 사람은 지극히 적고 내용도 잘 모른다. 1년에 한두 번 절에 나가고도 불교 신자라고 말하는 사람도 적지 않다. 종교가 실제로 생활에 영향을 미치는 것이 아주 미미한 셈이다.

이처럼 우리 기독교인들 중에도 종교생활과 사회생활을 별개로 이원화하는 사람들이 너무나도 많다. 교회 내에서 존경 받는 사람이 사회에서는 존경을 받지 못하는 경우가 적지 않다. 사회생활 따로, 종교생활 따로인 신앙인인 것이다.

기독교 내에서 이것을 일치시키려는 운동이 16세기 영국에서 일어났다. 이 운동은 처음에는 영국 교회를 성화하려는 노력에서 나왔으나 점차 자신뿐만 아니라 사회까지 정화하려고 했다. 이 운동이 바로 청교도 운동이다.

청교도 운동은 존 위클리프(John Wycliffe)와 존 후스(John Hus), 존 낙스(John Knox) 등의 신학적 배경에 뿌리를 두고 있다. 성경이 교회 뿐 아니라 개인의 행동까지 다스려야 된다는 강한 확신을 가진 종교 개혁 운동이다. 이 운동은 찰스(Charles) 1세와 올리버 크롬웰(Oliver Cromwell)의 내진으로 이어졌고, 전쟁에 승리한 크롬웰은 영국의 호국경(護國卿, Lord Protector)으로 오르며 청교도 국가를 세우려고 했으나, 찰스 2세의 귀환으로 일단 붕괴되었

경건한 삶
하나님과 동행
청교도
종교 다원주의

다. 그 때 웨스트민스터 신앙고백과 요리문답이 만들어지고, 성경이 기초가 된 교회와 국가, 개인의 생활을 일치시키는 운동이 강하게 일어났다. 미국에서의 새로운 국가 건설이라는 세계사적 대변화가 시작되는 것이다. 이 청교도 운동의 핵심 사상은 크게 네 가지로 뚜렷이 강조된다.

첫째 : 개인의 구원은 전적으로 하나님에게서 온다.
둘째 : 성경은 삶의 안내자다.
셋째 : 교회는 성경의 가르침을 반영해야 한다.
넷째 : 사회는 하나의 통일된 전체이다.

성경은 최고의 권위를 갖고 있으며 교인은 성경이 명하는 것만을 해야 한다고 주장하게 되었다. 또한, 안식일을 강조하고 가정 예배의 중요성을 강조했으며 가정 예배를 부활시켜 가정의 영성화가 공개적으로 이루어졌다. 그리고 이 운동을 통해 영국 전체를 청교도화하려 했다.

요즘의 모슬렘 국가를 만들어 종교가 정치와 생활을 같이 하려는 이슬람 국가 건설과 마찬가지로, 기독교 국가의 건설을 시도했다. 이들은 특히 종교다원주의 사상에 대해 강력하게 맞서 싸웠으며, 경건한 삶을 통해 하나님과 동행하는 생활을 강조했다.

이들이 만든 웨스트민스터 신앙고백과 요리문답은 지금도 장로교에서 개혁 신앙의 안내자로 남아있으며, 이들 중 존 밀턴(John Milton)과 존 번연(John Bunyan), 에드워드 테일러(Edward Taylor) 등 유명한 기독교 문학가들은 아름다운 시를 우리에게 선사했다.

그들은 먼저 하나님과 그의 의를 구했으며, 이것으로 하나님께서는 더 많은 것을 우리에게 더하여 주시는 역사를 보이셨다. 현재 우리 교회가 주장하는 전도와 섬김에 덧붙여 신앙과 사회생활이 일치되는 기독교적 생활을 강조하는 청교도 운동과 청교도 신앙이 보다 절실한 때라 여겨진다.

잃어버린 양과 가나안 교인

얼마 전, 정말 신앙심이 깊다고 생각하는 친구와 이런 저런 이야기를 나눈 적이 있다. 세상 돌아가는 이야기부터 시작해서, 요즘 어떻게 지내고 있는지 안부도 물어보았다.

"별로 좋지 않아요. 부장 검사를 끝으로 퇴직하면서 이제 변호사를 할까 합니다. 제게 더 좋은 기회가 주어지질 않네요. 후배들도 올라오는데 자리를 비워 줘야지요."

그 친구의 답변에 나도 모르게 씁쓸한 기분이 들었다.

요즘도 새벽예배에 빠지지 않고 나가냐고 묻자 요즘은 좀 게을러졌다고 한다. 한국유니이디드문화재단이 운영하는 '갈렙바이블아카데미'에서 공부를 같이 하면 어떠냐고 권하자, 좀 안정이 된다음에 꼭 가겠다고 한다. '지금 나가고 있는 교회는 시끄럽다고 하는데 괜찮으냐’고 물었다. 그러자 이 친구 표정이 영 말이 아니다. 그리고 목소리가 거칠어졌다.

“우리 집사람은 이제 교회에 출석하지 않고 말씀 동냥 하느라 이 교회 저 교회로 나가고 있어요, 저는 교회에 정이 많이 들어서 떠나지는 못하고 주일 예배만 참석합니다. 그리고 우리 집사람이 매주 만 원 씩 헌금해 달라고 해서 대리 헌금을 해 주고 있어요. 그것마저 안 하면 교회에서 제적당해요.”

나는 깜짝 놀랐다.

“아니 무슨 제적이야. 헌금 안 냈다고 제적을 하는 그런 교회가 어디 있어요?”

그러자 그는 말했다.

“아니에요. 그것도 목사님이 체크한다는 소문이 있어요.”

그의 표정이 안 좋다. 나는 그에게 무슨 문제가 있냐고 다시 물었다.

“예전에 게시던 목사님한테서 저희가 은혜를 많이 받았습니다. 그리고 열심히 신앙생활을 했습니다. 그런데 새로 오신 목사님한테 실망을 많이 했습니다. 도저히 설교 말씀이 귀에 들어오지 않아요. 그분의 인격과 말씀이 따로 노는 것만 같습니다.”

영성이 부족하다는 이야기냐고 물었더니 ‘목에 힘이 너무 들어간 것 같다’ 는 농담도 한다. 그러나 그 얼굴에서는, 자신의 교회 이야

제자?

기만 나오면 즐겁고 확신에 찼던 예전 그의 표정을 볼 수가 없었다. 내가 '신앙에 바람이 들어간 모양'이라고 농담을 했다.

나도 그런 경험이 있다. 목회자가 교회 설교단을 낮추고 이리 저리 왔다 갔다 하면서 설교하고 싶다는 말을 하기에, 그건 좀 아니라는 생각이 들었던 적이 있다. 추수감사절에는 경건함을 기대하고 교회에 출석했는데 교회 안에서 오징어도 팔고 미역도 파는 것을 보면서 실망하기도 했다. 드럼과 전자기타가 예배당 본당에 자리 잡고 있는 것을 보고 깜짝 놀란 적도 있었다. '교회는 하나님께 경외하는 마음으로 경건히 예배드리는 장소'라는 개념을 가지고 있는 나에게는 적잖이 놀라운 일이었다. 내가 요즘 사회를 이해하지 못하는 게 아닐까 하는 생각도 해보았다.

그러나 목회자가 무천년설을 강조하면서 성경의 해석을 달리 할 때는 정말로 괴로운 마음이 들었다. 성경을 하나님 말씀으로 받아들여야 하는데, 오로지 인간의 이성으로 이해되는 부분만 말씀으로 인정히는 신학을 들을 때에는 정말 힘이 들었다. 사도신경 고백도 빠뜨리는 목회, 지나치게 세속화된 마케팅 교회 등은 더욱 더 참기 힘들다.

요즘 성도들은 성경을 보는 눈이 높다. 신앙의 수준이 높아졌고, 교회를 바라보는 교인들의 의식 또한 매우 높아졌다. 무조건적인 신앙을 강조하거나 아멘을 요구하는 시대는 지났다. 교회 행정이나 헌금도 투명해야 한다. 헌금의 투명성이 확실치 않거나 세습 문제가 불거지거나 목회자의 인격이 반듯하지 않으면 교회를 존경하지 않는 교인들이 늘고 있다.

목회자나 장로들에게 실망하면 교회를 떠나는 경우가 너무나도 많다. 이들이 소위 '가나안 교인' 이다. 교회에 안 나가고 집에서 예배를 드리는 사람들이다. 요즘은 조그만 상가 한 층을 빌려 목회자 없이 운영하는 교회들이 늘고 있다.

교인들끼리 예배를 드리고 봉사활동도 하며 성경도 같이 연구하고 기도하고 만족하며 교회 생활을 하고 있다고 한다. 미국에서도 마찬가지다. 대형 교회에서 벗어나 몇 가정이 모여 예배를 드리는 교회를 '다락방 교회' 라 부른다고 한다. 한국에서는 '다락방 교회' 라고 이야기하면 이단이라고들 하는데, 세계적인 현상을 무어라 설명해야 할 지 모르겠다.

'교회와 목회자의 임무는 자기의 양을 잘 먹이는 것' 이라는 성경 말씀에 충실해야 한다는 생각이 든다. 교인들의 신앙을 높이고, 그들을 위해 기도하며, 그들의 가정과 식상에 관심을 갖고 목회하는 옛날 목사님들이 그립다는 성도들이 많다. 대형 물량 주의에 염증이 난 모양이다.

정말 중요한 시점이다. 목회자는 성경 말씀에 귀를 기울여야겠다.

"양은 그의 음성을 듣나니 그가 자기 양의 이름을 각각 불러 인도하여 내느니라. 타인의 음성은 알지 못하는 고로 타인을 따르지 아니하고 도리어 도망하느니라."

아무리 좋은 이야기로 설교를 한다고 해도 성경 말씀을 떠나면 양들은 괴롭다. 그들이 곧 '잃어버린 양'이 되고 '가나안 교인'이 되어 떠돈다. 그들의 영혼에 대한 하나님의 사랑은 어떻게 할 것인가.

그 책임의 많은 부분을 교회 중진과 목회자는 느껴야 할 것이다. 말씀으로 돌아가 예수님의 심정으로 목회하는 교회를 기대해 본다. 그러면 떠도는 '가나안 교인'들이 다시 교회로 돌아올 것이라는 확신이 생긴다.

"하나님 도와주시옵소서."

드레스코드와 상가람

며칠 전, 넥타이 매는 것이 무척 더워서 차이나 스타일의 셔츠를 입고 출근했다. 임원 중 몇 사람이 "모양은 좋은데 이찐지 이상하다"며, "신부님 스타일 같기도 하고 짝통 목사님 같기도 하다"는 말을 웃으면서 했다.

어제는 TV에서 시청 직원들이 반바지 차림에 슬리퍼를 신고 알다리를 다 보여주며 출근하는 모습을 봤다. 간편 복장을 시범적으로 보인다는 것이었는데 왠지 어울리지 않는다는 생각이 들었다. 예전에 어떤 국회의원이 자유로운 복장으로 국회에서 인사하는 것을 보았을 때에도 산뜻해 보이지 않고 오히려 작위적인 느낌이 들었다.

미국의 새들백(Saddleback) 교회 교인들은 청바지와 티셔츠 차림으로 슬리퍼를 신은 채 예배를 드린다. 목사님도 복장이 비슷하며 마이크를 들고 이리저리 움직이며 설교를 하시는데, 이 모습 또한 왠지 이상해 보인다. 이것이 과연 좋은 모습, 좋은 태도일까?

작년 설날 때엔 개량한복이 편해 보이기에 입었다. 딸아이가 "아버지 좀 이상하네요. 살이 다 드러나니 운동 좀 하세요?"라고 해 그 다음부터는 입지 않았다.

옷에는 품격이 있다. 그리고 이미지가 있다. 외국 회사들은 '드레스코드'라고, 정해진 모임과 장소에서는 정해진 옷을 입도록 규정을 만들어 시행한다. A코드로 세미나에 참석하라고 하면 정장을 입어야 하고 구두 색은 검정색이어야 한다던가, B코드는 회의 시 넥타이 없이 정장 출근한다는 것 등이다. 그래서 의복 예절에 대해 무척 신경을 쓴다.

한국도 예전 부모님들이 전통적으로 상가람, 중가람, 하가람을 정해 입었다. 상가람은 중요한 행사 때에 입는 옷으로 1년에 한두 번 정성껏 다림질하고 보관하다 입는 옷이고, 중가람은 보통 외출 때, 하가람은 일할 때 입는 옷이다. 옷도 예절을 갖춰서 입는다. 이것이 우리의 전통 예절이다. 가람은 외출복의 경상도 사투리다.

지금은 이런 개념이 없어져 가고 있다. 얼마 전 어떤 젊은 청년은 근육을 자랑하면서 소매 없는 셔츠를 입고 교회에 왔으며, 어떤 여학생은 노출이 너무 심한 짧은 치마를 입고 다니기에 조용히 타이른 적이 있다.

인격

해외에 나가보면 한국 관광객들은 죄다 등산복을 입고 곳곳을 누빈다. 편하다는 이유인 것 같은데 산이나 강이 아닌 도심지를 다니며 울긋불긋한 등산복과 등산화를 신고 다니는 모습은 좀 그렇다. 외국인이 보면 매너가 빵점으로 비쳐질 수 있다. 물론 복장은 자유지만 기본적인 격은 맞추어야 할 것이란 생각이다.

옷은 사람의 품격이다. 그런데 사람들이 기성복은 유행을 따르기 때문에 짧은 치마나 야한 옷 밖에는 살 수 없다고 이야기하는 경우가 있다. 그것도 사실이다. 그러나 본인이 원하면 자기 취향의 옷도 살 수 있다. 면접을 볼 때에는 모든 사람들이 마치 유니폼처럼 점잖은 옷을 입고 온다.

그리스도인답게 차려 입는 옷이 무엇인가 생각해 보았다. 근엄하게만 입는 것이 정답일까. 그렇지 않다. 자신의 지성과 판단력으로 멋있고 품위 있는 싼 옷도 구할 수 있다. 다만 그리스도인의 자부심과 정체성을 항상 생각하자. 우리의 말과 옷차림, 그리고 행동 모두가 전도의 도구가 된다고 생각하자.

우리의 인격이 전도의 진정한 도구이다. 입만 가지고 전도는 안 된다. 품격을 갖추면 이를 존중하는 주변의 동료와 친구가 생기고, 우리의 올바른 행실이 바로 하나님을 기쁘게 하며, 사람의 영혼을 구하는 진정한 전도가 되는 것이다. 이것이 복음의 씨를 뿌리는 것이다. 그러면 하나님이 거두어 주시고 그리스도인의 수가 늘어나게 된다.

전도서 8장 1절에서 성경은 말한다.

"누가 지혜자와 같으며 누가 사물의 이치를 아는 자이냐. 사람의 지혜는 그의 얼굴에 광채가 나게 하나니 그의 얼굴의 사나운 것이 변하느니라."

그리스도인의 인격은 비싼 옷보다 더 아름답다. 그리스도인의 인격을 우리의 모습에 덧입자. 이것이 크리스천 드레스코드다. 그리고 이것이 기독교인의 상가람이다.

아는 것과 믿는 것 그리고 전파하는 것

하나님은 전능하시고 우리를 사랑하셔서 독생자 예수님을 우리에게 보내셨고, 십자가의 보혈로 우리를 하나님 아버지의 양자로 삼아주시고 우리의 죄를 사해주셨다. 예수 그리스도를 믿으면 구원 받는다는 믿음이 바로 복음이다. 이것이 기독교 교리의 모든 골자다.

그런데 아 사실을 아는 것과 믿는 것과 그리고 전파하는 것에는 여러 과정이 있다. 이 내용을 쉽게 설명하기 위해 최근 일어난 회사 일을 사례로 들어 보고자 한다.

얼마 전 우리 회사가 개량신약을 개발했다. '실로스탄CR정'이란 이 개량신약은 항혈전제로, 그동안 1일 2회 복용하던 것을 세계 최초로 1일 1회 1정 복용으로 개선했다는 점에서 독보적이다.

연구소장이 부작용도 개선했고 효과도 좋다며 자신 있는 목소

리로 말했다. 임원회의 도중에 우리가 먼저 한 정 씩 먹어보자고 제
안했고, 모두 먹고 난 후 두통이 있는지 알아보았다. 그러자 약을
먹은 10명은 모두 아무 증상이 없었는데, 마케팅을 담당하는 약사
임원 한 명만 머리가 너무 심하게 아프다고 했다.

그 후로 그 임원은 그 약에 대해 자신감이 없어졌다. 본인이 그
약이 필요한데도 두통이 두려워 먹을 생각도 하지 못했다. 그리고
는 그 제품의 마케팅을 시작하게 되었다.

몇 개월이 지난 후, 심장내과 전공 의사에게 이 약의 약리 작용
과 효능에 대해 강의를 부탁하여 들을 기회가 생겼다. 의사가 강의
시간에 말했다.

"사람에게는 혈관이 있는데 이것은 도로망과 같습니다. 고속도
로가 있으면 국도도 있고 집 앞까지 들어가는 소로도 있듯이 큰 혈
관과 말초혈관, 발끝이나 손끝까지 가는 작은 혈관이 있습니다. 이
약은 손끝, 발끝에 있는 작은 혈관에 작용해 이 혈관이 위축된 것
을 넓혀주고 뚫어주어 손발, 장, 뇌 등에 혈액을 충분히 공급합니
다. 이를 통해 혈관 장애로 일어나는 뇌졸중이나 손발 저림을 예방
하고, 장운동을 도와 변비에도 효과가 있습니다."

막힌 혈관을 넓혀주는 것이니 당연히 3일가은 심한 두통이 오고,
그 후에는 그것이 자연스레 치료되니 마음 놓고 약을 먹으라고 강
의했다고 한다.

이 약사 임원은 그 말을 믿었다. 전에는 두통이 무서웠으나 의사가 확실히 말하니 그 말을 믿었고, 3일 동안 두통의 두려움을 참을 수 있었다. 3일 후에는 정말 두통도 사라지고 손발도 따뜻해졌으며 기타 증상도 없어졌다고 이야기했다. 나도 그 이야기를 듣고 약을 먹으니 과연 그 말 대로였다. 그래서 장 때문에 고생하는 주변 이들에게도 권했다. 그리고 또 다른 친척들에게도 권했다.

나는 의사 한 명의 이야기를 듣고 두통의 두려움을 이겨낸 것이 바로 믿음 때문이라고 생각했다.

그런데 한편 이렇게 의사 이야기는 믿으면서 위대하신 하나님 말씀인 성경을 믿지 않을 수 있는지 나로서는 아주 의아한 일이다.

나는 다시 한 번 생각해 보았다.

첫째, 그 의사는 혈관 전문 의사라 약학 박사보다 더 전문적이라고 생각해 약사가 그를 믿었다. 우리가 전도할 때에도 성경 지식이 있어야겠다는 생각이 들었다.

둘째, 의사는 아무 개인적인 사심 없이 전달함으로써 인격적으로 신뢰감을 주었다. 우리가 복음을 전할 때에도 상대에게 인격적으로 믿음을 주어야 된다는 생각을 가졌다.

셋째, 이 약사가 믿음을 받았을 때 확신감이 들어 나를 설득했고, 나는 내 식구들을 설득했다. 복음도 믿음의 확신이 있을 때 전파되는 법이다. 일가친척일지라도 전할 때엔 그 진정성을 통해 복음

신학
성경

이 전파된다. 그러므로 전도를 위한 목적을 가진 전도가 되어선 안 된다. 그 놀라운 하나님의 은혜를 감격해서 전하지 않으면 안 된다. 이런 심정으로 복음을 전해야 설득력이 있고 열매도 나타난다.

넷째, 이 의사의 확신에 찬 몇 마디 이야기는 자신의 지식을 통해 깨달음이 있는 몇 마디가 되어 믿음을 주었다. 방언도 예언도 중요하나 깨달음이 있는 성경 말씀 몇 마디가 전도에 더 중요한 요소라고 성경은 말씀하고 계신다.

깨달음이 있는 성경 말씀을 통해 목회자가 설교를 할 때, 하루에 5천 명이 전도 되는 베드로의 설교를 이해할 수 있을 것 같다.

성경을 아는 것과 믿는 것은 우리가 전도할 때 전혀 다른 것이다. 본인이 믿고, 그리고 깨달음을 통해 몇 마디 말만 하여도 주의 백성의 수는 넘쳐날 것이다. 그러한 사람이 목회자뿐만 아니라 우리 성도들 중에서도 많이 있다면 하나님 나라가 확장될 것이다.

지난해 소수의 평신도들이 모여 '갈렙바이블아카데미'를 설립해 열심히 신학을 공부하고 있다. 이곳도 시작은 아주 미약해도 점점 확신에 찬 신앙인들이 많이 나올 것이라고 기대하고 있다. 또한 이런 믿음이 신학과 성경을 더욱 열심히 공부할 수 있게 하는 밑거름이 되고 있음을 발견하게 된다.

'믿음과 증거를 통해 깨달음을 얻고, 이것을 전하지 않으면 못 견디게 되는 마음을 우리에게 주시옵소서' 라고 기도해 본다.

결국 성경 구절 하나가 젊은 청년을 구원한 셈이었다. 그리고 또 그 청
년은 다른 고통 받는 사람들을 도울 것이라는 생각을 해 보았다. 성경의 말
씀은 힘이 있다. 초신자의 정체성에 영향을 주어 그가 행동으로 실천하도록
했다. 좋은 크리스천의 모습이다. 좋은 교인의 모습보다 더 아름답다.

바른 신앙
바른 가치관

급변하는 세상과 교회의 사명

요즘 세상이 어수선하다. 북핵으로 인해 위기감이 높아지면서 일본 관광객이 급감하고 있다고 한다. 이로 인해 호텔과 면세점, 관광산업 전체에 큰 타격을 주고 있다.

그렇지 않아도 엔저현상으로 수출경쟁력이 떨어지면서 중소기업의 일본 수출이 막히고, 일감이 없는 공장은 쉬고 있다고 한다. 여기에 고용이 줄어들자 회사 주변의 식당과 가게들마저 손님이 줄고 있다.

대기업은 엔저로 일본 대기업에게 시장을 내주고 있다. 경제민주화 논의로 인해 기업이 신규투자와 고용을 멈추고 있으니 취입을 해야 할 젊은이들의 실업 문제도 너무나 심각하다.

교회도 헌금이 많이 줄어들고 있다고 한다. 헌금이 줄고 있으니 목사님은 계속 헌금을 강조하게 되고, 헌금에 부담을 느낀 교인들이 교회를 떠나는 경우도 발생하고 있다. 최근에는 인터넷으로 예배를 드리는 교인도 늘고 있다.

머칠 전에 만난 한 젊은 집사님은 최근 간염으로 건강이 극도로 나빠져 하던 사업을 아예 정리했다고 한다. 경제적으로 어려워지고 건강도 좋지 않아 출석교회 대신 아예 집 옆의 개척교회에 출석한다고 한다. 경제 문제, 건강 문제로 하나님께 매달리고 위로와 치유를 받길 원하는데 교회는 계속 헌금만 강요하니 도저히 견딜 수가 없어 옮겼다고 한다.

교회는 이런 교인들의 어려움을 보듬어주고 위로해 주어야 하는데 헌신만 강요하는 것이 너무나 힘들었다며, 교인의 어려움을 목사님이 잘 이해하지 못하는 것 같다고 덧붙였다.

지금은 교회가 상처 입은 교인들을 감싸주고, 하나님 안에서 위로와 치유를 해 주어야 할 때라는 생각이 든다. 지금 교인들은 어려움에 신음하고 있다. 교회의 할 일은 이제 명백해졌다. 우선 어려운 본교회 교인을 위로해주고, 힘든 교인들이 신앙의 힘으로 극복할 수 있도록 함께 기도해 주어야 한다.

목회자의 교인 사랑이 어느 때보다 요구된다. 또한, 교회는 대통령과 정치 지도자들을 위하여 한마음으로 기도해야 한다. 역사를 주관하시는 하나님께 전적으로 의지하고 우리의 안보와 경제를 지켜주실 것을 기도해야 한다. 기도만이 우리가 살 길이다.

무엇보다 우리가 할 일은 하나님 앞에 바른 신앙으로 서는 것이다. 신학에 따라서 하나님을 대적하는 경우가 있다. 그리하면 하나님이 우리에게서 떠나가실 수 있다. 이것이 제일 큰 재앙이다. 중요한 신앙은 신학적으로 자리를 잘 잡아야 한다는 것이다.

성경은 하나님 말씀이다. 어떤 이는 성경이 하나님께서 인간에게 주신 정확하며 오류 없는 말씀이라고 믿지만, 어떤 다른 이는 성경이 단지 인간들의 작품일 뿐이라는 전제 하에서 신학 활동을 전개한다. 그 결과 전통적인 신학과 자유주의 신학이 등장하게 된다. 신학적 전제의 차이는 신학 자체뿐만이 아니라 세계관, 역사관, 인생관 전반에 걸쳐 엄청난 영향을 미친다.

한국 교회가 WCC 문제로 격렬하게 대립하고 행사를 치뤘으나 그 휴유증이 남아 있다. WCC의 핵심 사상은 모든 종교가 평화롭게 합하여 갈등 없는 사회를 만들자는 '세계 단일 종교'를 지향하고 있다고 반대측이 주장한다. 이를 위해 불교, 기독교, 이슬람, 힌두교, 무속 종교까지 아우르는 종교다원주의도 포함된다고 하는데 이 내용이 사실이라면 사실 우려스러운 부분이 많다.

예수 그리스도 없이도 어느 종교를 믿어도 구원이 있다는 다원주의는 분명 기독교가 배격해야 하기 때문이다. 이는 하나님이 슬퍼하시고 한국 교회에 주신 축복을 감사할 줄 모르는 일로, 하나님

치유

의 큰 책망을 감당할 수 없을 것 같다. "하나님 우리 교회가 죄를 범치 않게 해주시옵소서" 하고 기도해 본다. 그리고 이것이 사실이 아니길 기대하는 마음이 간절하다.

'교회는 바른 신학으로 교인의 아픔을 보듬고 치유해 주는 어머니 같은 교회가 되어야 한다' 는 칼빈의 교회관이 그 어느 때보다 내게 절실하게 다가온다.

기업의 뿌리, 청교도 정신

유명한 경제학자 피터 드러커(Peter Ferdinand Drucker)는 기업가 정신을 근대 민주주의의 견인차로 보았고, 이 정신을 근대 사회 경제 발전의 중심 사상으로, 인류 발전의 중대 요소로 여겼다. 그 중요한 정신 요소의 첫째는 도전정신, 둘째는 혁신정신, 셋째는 사회공헌정신이다.

현재 일본이 추진하고 있는 아베노믹스(Abenomics)도 이 기업가 정신이 살아 있다는 가정 하에 추진했다. 하지만 아베노믹스가 지금 실패하고 있는 것은 이미 일본에서 기업가 정신이 실종되었기 때문이라는 자조 섞인 분석이 있다. 이제 일본인들은 모험 정신보다는 안전 위주의 국민 성향으로 돌아섰다는 이야기다.

얼마 전 어느 대학의 경영학과 교수 모임에서 강의를 부탁해온

적이 있다. 강의 후 대학생들의 창업 정신에 대해 교수님들과 의견을 나누었는데, "대학생들은 무엇을 제일 성공한 기업가라고 생각합니까?" 하는 나의 질문에 교수님 중 한 분이 다음과 같이 답을 했다.

"대학생들은 자신만의 기술로 창업을 하고, 빨리 코스닥에 등록해 돈을 벌고, 빨리 다른 사람에게 매각한 후 편안한 생활을 하는 사람을 제일 성공한 기업인이라고 생각하고 있다"고 했다.

참으로 젊은이다운 영리한 생각이라고 생각했다. 창업 정신 속에 사회공헌과 산업보국(産業報國) 같은 기업가 정신도 꼭 가르쳤으면 좋겠다는 생각을 하며 이 글을 쓰게 됐다.

기술의 발전이 3~6개월 인에 빠르게 바뀌니 계속 사업을 해서 실패하는 것보다는 빨리 정리하고 돈을 벌어 여생을 즐기는 것이 나쁘다고는 하지 못하겠지만, 참으로 부족하다는 생각을 떨치지 못했다.

고용을 많이 하면 노조 문제 등으로 힘이 든다. 중소기업에서 성공해서 중견기업으로 가면 200가지가 님는 불이익을 감당해야 하고, 대기업으로 가기는 너무나 힘든 것도 사실이다. 설악산 등반을 시작한 때 대청봉까지 가기로 미음을 먹었다가 중간 시점에서 섬심식사를 하고는 어려운 등산을 포기하고 그 자리에서 편히 쉬다 내려가는 등산객과 같다는 생각이 든다.

나 자신도 영업사원에서 시작해 중소기업을 거쳐 중견기업까지 왔다. 그러나 너무 힘이 들어 적당히 하고 싶은 생각이 들 때도 많다. 그래도 국내외에 1000명이 넘는 직원들이 있어 다시 힘을 내 일할 때가 많다. 나는 사업을 하면서 한 번도 갑이라는 생각을 해본 적이 없다.

거래선, 직원, 관청, 은행 모두 갑들과 상대하면서 을의 마음가짐을 잊은 적이 없다. 정말 기업 하기 쉽지 않다. '좌절'과 '실의'라는 단어는 기업을 하려면 꼭 따라다니는 단어다.

몇 년 전인가 한국경영자총협회 조찬 모임에 강연을 부탁 받아 갔을 때 "선배 회장님들은 기업하고 계실 때 그 스트레스를 어떻게 푸십니까? 골프, 술, 여자, 어느 것도 해결이 안 되지요. 저는 종교를 갖고 힘들면 하나님께 부탁해 해결하고 있습니다"라고 강연했다. 모두 진지하게 내 말을 받아들였다. 기업가 정신은 꼭 행복하고 즐거운 것만은 아니다.

기업가 정신은 청교도 정신에서 그 뿌리를 찾을 수 있다. 마르틴 루터(Martin Luther)가 종교 개혁을 하고 독일과 프랑스, 스위스에서 활발하게 종교 개혁이 진행될 때 대부분의 개혁파 신도는 데크노들과 중소상공인들이었다. 이들에 대한 가톨릭교회의 대박해가 있었고 프랑스의 개혁파 신도인 위그노(Huguenot)들이 박해를 피해 영국으로 건너갔다. 그들이 증기기관을 발명하고 경영을 잘 해 영국은 부자 나라가 됐다.

이들이 바로 청교도들이다. 그러나 영국이 이들을 다시 박해하자 이들은 메이플라워(Mayflower)호를 타고 미국에 건너가 오늘날의 미국을 건설했다. 그들이 사업가 정신의 기초를 만든 장본인들이고 막스 웨버(Max Weber)가 이론을 세웠다.

청지기 정신은 사회공헌기업 정신의 기초가 되었다. '나의 모든 소유는 하나님의 것이고 나는 하나님 뜻대로 재물을 사용한다'는 정신이다. 그리고 도전정신으로 새로운 기술을 계속 연구해 발전시킨다는 혁신정신이 그 안에 있는 것이다.

이 땅에서 우리 교회가 어린 학생들로부터 청년들에게까지 기업가 정신을 기르친다면 기독인들로부터 진정한 기업가들이 대량 배출될 것이라 생각한다. 교회는 하나님 뜻에 맞는 많은 기업가와 정치가, 문화예술인을 길러내는 정신적 요람의 역할을 해야 한다.

대한민국 건국 초기의 모든 인재들도 바로 교회가 길러냈다. 이승만 대통령, 김구 수석, 안창호 등 수많은 인재가 교회에서 나왔다. 세속화와 기복주의, 교회 몸집 키우기보다 진정한 기독 정신을 가진 인재 양성에 관심을 가져야 할 때다. 이것이 민족과 대한민국을 살리는 길이고 세계 중심이 국가로 성장하는 초석이 될 것이라 생각한다.

기업가 정신
청교도 정신

새로운 보호자와 두 번째 인생을

인생의 1막은 대략 30년이다. 좋은 부모를 만나서 좋은 교육을 받으면 성공한 인생 1막이 된다. 인생 1막은 부모님의 온실 속이다. 그래서 특별히 공부를 잘 하고, 좋은 대학을 나오고, 예쁘고, 멋 좀 내고, 좋은 스펙을 가진 사람이 최고로 성공한 1막 인생이다.

그러나 인생 2막은 좀 다르다. 1막에서 갖춘 스펙으로 인생을 스스로 개척해 나가는 것이다. 회사 여직원들을 보면서 느낀 점이 많다. 짧은 치마에 예쁘고 아름다운 몸매를 자랑하던 사람이 결혼을 하면 완전히 다른 사람으로 변신하기 시작한다. 특히 임신을 하고 아이를 낳은 후 출산휴가를 마치고 회사에 출근하면 의상부터 달라진다. 그리고 말씨나 태도도 처녀 때와 너무나도 다르다.

남자들도 아이를 갖고 나서부터는 자신을 돈 버는 기계라고 자주 이야기한다. 아침 식사도 못 얻어먹고 나오기 일쑤라고 한다. 여자가 아기를 낳으면 남편은 둘째가 되고 아기가 여자의 주인이 된다고 한다. 그것이 모성애라고 한다.

그래서 인생 2막에서 남자들은 경제적인 뒷감당을 잘 하는 남자가 멋있는 남자보다 훨씬 우위에 있다. 나는 신입사원 환영식에서 "여러분의 넥타이는 사랑하는 부인과 아이들을 위해 매는 소의 멍에와 같습니다. 여러분은 사랑하는 가족을 위해 넥타이를 매고 소처럼 일터에 나왔습니다. 여러분이 원하는 대로 살 수 없습니다. 싫어도 아파도 끌려가면서 살게 되었습니다" 라고 이야기한다. 모두 숙연해진다.

2막이 시작되면 도움을 받던 부모를 오히려 부양해야 될 때가 온다. 이때 효자가 나오고 불효자가 나온다. 인생의 모든 짐이 젊은 부부에게 돌아온다. 이제는 기댈 언덕도 없다. 그리고 도와줄 사람도 거의 없어진다. 험한 세상을 스스로 해결하며 살아가게 된다. 이때 자칫 잘못하면 좌절하고 넘어지게 된다. 한번 넘어지면 다시 일어나기 힘들다. 누가 이 어려움에서 진정으로 도와줄 수 있는지 찾게 된다. 힘들 때 격려해 주시던 부모님, 선생님도 이제 안 계신다. 그리고 그렇게 아끼던 친구들도 큰 도움이 안 된다. 다들 자기 살기 바쁘기 때문이다. 그리고 사회에 나가서 새로운 친구를 사귀게 된다.

보호자
2막

인생 1막에서 배운 지식은 이제 옛 지식이 되었다. 특히 그 지식은 이제 휴대전화 속 지식보다 못하다. 누가 세상을 살아가는 지혜를 주지도 않는다. 그냥 닥치는 대로 살아가는 사람이 많다. 의지할 데도 없어 외롭고 힘들다는 생각이 든다. 그럴 때 많은 사람들이 좌절하고 우울증에 시달리다 자살이라는 극단적인 선택을 하기도 한다.

희망과 꿈이 사라진 세대, 이것이 오늘의 우리 세대다. 왜 사냐고 물으면 그냥 지나가는 구름만 가리키는 세대가 되었다. 이것을 우리는 어떻게 극복하고 100세 시대까지 살아갈 수 있는가.

그러나 이 치열한 인생을 살아가는 나침반이 있다. 이것이 바로 성경이다. 그리고 그 속에서 역사하시는 하나님이 바로 우리의 선장이시고, 지혜를 주시며 인생을 인도해 주시는 절대자다. 인생 2막에서 하나님을 믿지 않고 사는 사람은 정말로 용감한 사람이거나, 미련한 사람이다. 기업가는 그 어려운 기업 경영을 보호자 없이 어떻게 할 것인가. 믿는 부호막 없이 어떻게 그 경쟁을 이겨낼 것인가. 나는 어찌 할 수 없어 하나님께 모든 것을 맡기고 경영하는 쪽을 택했다.

지금이라도 늦지 않았다. 인생 2막은 새로운 보호자와 함께 시작하라. 하나님이 사랑하시고 보호해 주실 것이다. 배반하지 않으시고 변함없이 지켜주실 것이다. 세상 모두가 변해도 오직 변치 않으실 하나님을 믿고 살자.

"여호와를 경외하는 자에게는 견고한 의뢰가 있나니 그를 의지하는 자에게는 피난처가 있으리라. 그리고 여호와를 경외하는 것은 생명의 샘이라 사망의 그물에서 벗어나게 한다."

하나님의 말씀이다. 유대인들은 어머니가 한 살 때부터 성경을 가르치는 교육을 한다.

이제 인생 2막에서는 나의 든든한 보호자와 함께 험난한 세상에서 새로운 항해를 시작해보자. 그리고 부모님의 귀중한 유산인 신앙을 우리 자식들에게 나누어 주자. 그리하여 인생이 끝날 때까지 인생을 성공으로 이끄는 힘의 원천이 되게 하자.

두 처녀 이야기

무더운 여름 날씨가 이어지고 있다. 6년간 근무하다 퇴직하는 여직원 환송회가 열렸다. 그 여직원은 통통한 외모에 수더분한 성격을 지닌 지방 대학 출신이다. 특별히 능력이 있는 것도 아니고 똑똑하다고 생각되지도 않는 그런 직원이다. 그런데 환송회에는 사람이 너무나도 많이 와 방 세 개가 꽉 찰 정도였다.

자리에 모인 사람들이 퇴직 소감을 묻자 그 여직원이 말했다.

"제가 회사에 막 입사했을 때엔 아무 것도 몰라 어리둥절했는데 이제는 모든 것을 다 아는 기분입니다. 처음엔 KTX 표를 살 줄도 몰라 당황했고, 은행 심부름도 하지 못했습니다. 지방 대학 출신이라 조금 주눅도 들었지만, 제가 모자란다고 생각하다 보니 오히려 더 열심히 배우게 됐습니다. 시간이 무척 빨리 지나갔습니다. 정말 감사합니다."

이 직원은 남편을 따라 외국으로 출국할 예정이라 영어 공부도 하고 있다. 시집에서는 고기도 굽고 설거지도 하며 시어머니에게 꽤 사랑을 받는다고 한다. 좀 여유 있는 집에 시집을 갔는데, 서글서글한 성격 덕에 시댁에서도 인기가 있다고 한다. 남편은 이제 외국 대학에서 박사 학위를 받을 예정이라 앞으로 큰 걱정 없이 세상을 살 수 있겠다는 생각을 하는 모양이다. 옛날 부잣집 맏며느리라도 된 것 같다.

자신이 정말 부족하다고 생각했기에 고마운 마음에 더 열심히 일했고, 동료들과도 좋은 인간관계를 유지할 수 있었다고 한다. 자신이 모자라다고 생각하는 것이 인생에 도움이 되었다고 한다. 그 여직원과 입사동기생인 또 한 여직원이 있었다.

이 직원은 좋은 대학을 나왔다. 입사 성적도 좋았고 미모도 출중했다. 가정도 여유가 있는지 옷도 세련되게 입고 다니고 일도 잘해서 모든 남자들에게 관심의 대상이었다. 상관들에게도 참 멋있는 사람이라고 좋은 이미지가 심어져 있었다.

언제부턴가 어떤 멋진 남자가 외제차로 매일 출퇴근을 시켜주기 시작했고 모든 사람들의 동경의 대상이 됐다. 잘 생긴 남자가 정성껏 모시니 부럽지 않을 사람이 어디 있을까. 그야말로 공주 대접을 받았다. 결혼 후에는 아이도 낳고 출산 휴가와 육아 휴가를 다녀왔고, 둘째를 낳고는 또 출산 휴가를 다녀왔다. 모두에게 행복해 보이는 삶으로 여겨졌다. 잘 생기고 똑똑하니 당연한 것이라 생각했다.

그런데 이상한 것은 처녀 때 아주 예뻤던 여직원의 옷차림이 점점 이상해지고 말투도 점점 거칠어지기 시작한 것이다. 남편의 직업이 뭐냐며 잘 생긴 남편의 경제력에 대해 의아심을 갖는 사람들의 이야기가 돌기 시작했다. 그리고 이 여직원도 어떤 사정으로 인해 앞서 이야기한 여직원과 비슷한 시기에 사직을 하게 됐다. 그리고 이 여직원은 아무도 환송회에 참석하지 못한 채 슬며시 퇴직했다. 6년의 세월이 사람을 많이 변화시킨다는 생각이 들었다.

수영 선수 박태환은 자신의 폐활량이 부족해 건강상의 문제로 수영을 시작했다. 건강을 위해 시작한 수영이었으나 열심히 노력한 결과 세계적인 금메달리스트가 되었다. 일본의 세계적인 기업가도 '자신이 가난하기에 돈을 벌었고, 못 배웠기에 공부했고, 몸이 허약했기에 운동을 했다'고 술회한 것을 기억한다.

예수님은 '내가 이 세상에 온 것은 의인을 부르러 온 것이 아니라 죄인을 부르러 왔다. 몸이 아픈 사람에게 의원이 필요하지 건강한 사람은 의원이 필요치 않다'고 가르치셨다. 예수님의 제자는 대개 배우고 똑똑한 사람이 아니다. 어부 등 하층민 계급의 사람이 많다. 사람이 자신의 부족함을 알고 이를 극복하려 할 때 성공할 수 있다는 교훈을 얻었다.

예수님께서 자신을 의롭다 믿고 다른 사람을 멸시하는 자들에게 말씀하신다. 하나는 바리새인이요 하나는 세리라. 바리새인이 이르되 "나는 토색, 불의, 간음하는 자와 같지 않고, 세리와도 같지 않음을 감사하나이다. 또 소득의 십일조를 드립니다." 라고 자신을 높이는 기도를 드린다. 그러나 세리는 하늘을 쳐다보지도 못하고 가슴을 치면서 "하나님이여, 불쌍히 여기옵소서. 나는 죄인이로소이다." 하였다. 그러자 예수님은 "의로운 사람은 바리새인이 아니라 세리" 라고 말씀하시고, "무릇 자기를 높이는 자는 낮아지겠고, 자기를 낮추는 자는 높아지리라" 고 말씀하셨다.

좀 늦었더라도 자신의 부족함을 인정하고 겸손히 배우고자 인생을 시작하는 사람은 부단히 노력한다면 겸손치 못하고 잘난 사람보다 더 좋은 인생을 살 수 있다는 생각을 해 봤다. 하나님이 나를 어떻게 쓰실 것인지를 구하는 것이 중요하다. 하나님께 쓰임을 받는 것만으로 행복을 느끼는 사람이 많다. 불구의 몸으로도 정말 기쁘게 쓰임 받는 성도가 얼마나 많은가. 모두 하나님의 축복이라고 생각하며 한 평생 주님께 의탁하고 사는 것이 제일 행복한 삶이라는 생각이 든다.

우리 인간은 하나님께 순종하고 그를 영화롭게 하기 위해 태어난 존재다. 따라서 모든 것을 주님께 맡기는 사람이 진정 행복하다

교만
겸손

는 것을 다시 한 번 생각해 보는 시간을 가졌다.

자신의 부족함과 모자람을 깨닫고 지금 주어진 삶에 대해 감사와 소중함을 생각한다면 신앙생활에서도 사회생활에서도 성공한 일생이 될 것이라고 생각한다.

우리가 정말 원하는 신앙은?

　8월에는 약학대학 5학년 학생들을 대상으로 실무실습 프로그램을 시행했다. 3주간에 걸쳐 제약회사 전반에 걸쳐 교육하는 과정이었다. 참여한 학생들 모두 열심히 공부하는 모습을 보면서 참 똑똑하고 기특하다는 생각이 들었다. 생각도 반듯하고 밝은 모습에서 한국의 미래를 보는 듯해 기뻤다.

　하지만 약대가 6년제로 바뀌면서 이들이 졸업하면 평균 연령이 30세가 넘는다고 한다. 남학생들의 경우 군대까지 마치면 나이가 얼마나 될까 생각해보니 남의 일 같지 않았다. 이미 대학을 졸업하고도 약학대학에 뜻이 있어 다시 입학했다는 학생도 있었다.

　"나이가 많아서 제약회사에 취직하기는 힘들겠죠?"

　이렇게 질문하는 학생을 보면서 무어라 답변을 하지 못했다.

그러나 '6년제 학생들은 지식의 폭도 넓고 깊이도 깊다' 고 자랑하는 교수님의 이야기는 마음에 와 닿았다. 교육 기간 중 내가 쓴 〈종교인과 신앙인〉이라는 책을 나눠주고 읽어보라고 했다. 지하철에서도 읽고, 집에서도 새벽까지 밤을 새서 다 읽었다는 학생이 많았다. 처음에는 실무 교육에 맞지 않는 종교 강요 아니냐는 우려를 했던 사람도 있었으나 끝날 때에는 모두 이 책을 통해 배운 점이 많았다고 이야기했다. 제약회사를 차리고 이 정도까지 끌고 온 기업가의 창업 정신과 해당 기업의 문화를 알 수 있는 기회가 되어 많은 도움이 됐다는 이야기다. 그리고 '나도 이런 기업을 경영해 보고 싶다는 꿈을 가져보는 기회가 되었다' 는 생각을 가진 학생도 있었다.

수료식 날에는 교육 소감을 발표하는 시간을 가졌는데, 많은 것을 배웠다며 감사하는 모습에서 '기업이 해야 하는 일을 잘 해냈구나' 하는 생각이 들어 보람을 느꼈다. 그리고 해당 대학교의 총장님도 직접 참석하셔서 학생들의 사기가 정말 높았다. 마지막 축하 공연 때에는 모두 하나가 되어 열광적으로 반응하는 것을 보면서 클래식 음악에 대한 사랑도 엿볼 수 있었다.

그리고 독후감을 발표하는 시간에는 그들이 솔직한 이야기를 들을 수 있었다. 많은 학생들이 종교에 대해 무관심하다는 것, 자신의 일도 바쁜데 종교 생활을 하는 것이 부담스럽다는 것, 교회에 나가도 사람과 부딪히는 것이 너무 힘들어 출석하지 않는다는 등의 이야기였다. 요즘 유행하는 가나안 교인도 있었다.

또 어떤 학생은 몇 개월 동안 교회 청년부에 출석한 경험이 있었다. CCM도 열심히 부르고 찬양에도 참여했으나 한 가지 이해하지 못할 점이 그로 하여금 교회에 회의감을 주었다고 한다. 열심히 신나게 찬양하다가 별안간 손을 흔들고 큰 소리로 기도를 드리며 울고 손뼉치고 하는 것이 이상했다는 것이다. 또 그 기도가 끝나면 언제 그랬냐는 듯이 다시 돌변해 찬양하는 모습에서 진실성을 못 느꼈다는 것이다.

또한, 주변의 기독교인들 중에 본받을 만한 사람을 보지 못했다는 이야기도 많았다. 그리고 교회의 세습, 목회자의 부패한 모습을 보고 종교에 관심이 없어졌다는 이야기도 있었다.

그러나 중요한 것은, 교회에는 거부감이 있을지언정 자신의 힘만으로 되지 않는 인생 속에서 종교를 갖고 의지하고 싶다는 생각을 가진 사람이 의외로 많았다는 것이다. 그러나 그럼에도 불구하고 종교를 선택하지 못했다는 이야기가 많았다.

어렸을 때 교회에 나가다가 요즘 안 나가고 있다는 학생들도 많았다. 확실한 신앙을 갖지 못하고 교회에 출석하다가 힘든 일, 바쁜 일이 생겨 몇 주 빠지다보니 이제는 완전히 안 나가게 된 것이다.

빛
소금

그리고 교회에 나가는 학생들 중에는 '믿음이 행함을 동반해야 한다' 는 야고보서의 말씀에 도전을 받았다는 이야기가 많았다. 교회에서는 이 말씀을 별로 강조하지 않았다는 이야기와 함께, 기독청년으로서 사회에 나가 올바른 삶을 살아 모범이 되고 싶다는 이야기를 들을 때엔 나도 감격스러웠다.

이런 지성인들에게 전도하는 방법은 몇 마디 말로는 힘들다. 예수님이 말씀하신대로 우리 기독교인이 빛과 소금의 역할을 다 할 때 가능하다는 생각을 해 보았다.

'이같이 너희 빛을 사람 앞에 비추게 하여 저희로 너희 착한 행실을 보고 하늘에 계신 너희 아버지께 영광을 돌리게 하라' (마 5:16)는 말씀을 명심하고, 기독교인은 빛과 소금의 역할을 다하여 사회로부터 존경을 받을 때 그리스도인의 수는 늘어나고 말씀이 흥왕되리라는 생각이 들었다.

우리의 사명은 정말 크다. 기업가로서, 선생으로서, 그리고 정치가로서 기독교인은 세상의 빛이 되어야 하며 세상 모든 것으로부터 숨기지 못한다. 하나님의 영광을 위해 그리고 그의 이름을 위해 행동과 말과 모든 것을 조심하여야 하나님께 영광을 돌릴 수 있다는 생각을 해 본다.

갓바위와 지성인

며칠 전 우리 회사 직원이 상을 당해 상가(喪家)인 대구를 방문했을 때였다. 그 자리에서 얼마 전 회사를 퇴직하고 사업을 시작한 직원을 만났다. 반가운 얼굴이었다.

그에게 요즘 사업이 잘 되느냐고 안부를 물었다. 그는 처음 시작하는 사업이라 생각보다는 힘이 많이 든다고 했다. 회사에 있을 때엔 갖고 있던 거래처들이 자신을 도와줄 것 같았는데 막상 퇴직 후 거래처들을 찾아가니 잘 도와주지 않는다고 어려움을 토로했다. 요즘 직원이 몇 명이냐고 묻자, 5명인데 월급에다 4대 보험도 다 들어주고 있다고 한다. 나는 우선 그 직원들의 가족들이 생각났다, 급여가 적으면 생활하기가 쉽지 않을 것 같다는 생각이 들었다.

그에게 열심히 하면 점점 나아질 거라고 격려를 해 주었다. 그러자 그는 '마침 며칠 전에 사업도 힘들고 해서 팔공산 갓바위에 갔었는데 줄이 300여 미터나 늘어서 있기에 두 시간을 기다렸다가 겨우 소원을 빌고 왔다'고 했다.

소원을 빌기 위해 사는 초의 가격이 작은 것은 만 원, 큰 것은 오만 원인데 식구대로 불을 밝히려니 그 돈도 꽤 크더라고 한다. 그래도 갓바위에서 기도를 하면 그 중의 한 가지는 들어준다고 하여 어떤 것을 먼저 빌어야 할 지 망설였다고 했다.

그러자 옆에 있던 우리 회사 지점장이 '우리도 지난달에 매출 실적이 좋지 않아서 전 직원을 데리고 갓바위에 가 기도를 하고 왔다'고 한다. '우리 대구 지방에서는 통상 이렇게 많이들 한다'는 말도 덧붙였다. 참 어처구니없는 이야기였다.

대구에서는 아이들 입시 때마다 학부모들이 갓바위에 몰려가는 것이 보통 일이라고 한다. 나는 '사람이 만든 돌덩이가 무슨 소원을 들어줄 수 있겠는가' 하고 반문해 보았다. 그래도 많은 사람들은 갓바위가 효험이 있다며 하루에 수천 명 씩 다녀가고 있다고 한다.

나는 지점장에게 대구 지점 직원들은 이런 일을 다시는 하지 말라고 권했다. 모두 대학을 나온 지성인들인데 무슨 짓이냐고 목청을 높였다. 모두 긍정하는 표정이었으나 그 근본적인 마음은 바뀌지 않은 모습이었다.

변했으니 그것은 당연한 것’이라고 받아들여야 하는데, 어쩐 일인지 더욱 ‘이건 아닌데’ 하는 생각만 드는 것은 왜일까?

근래에는 예수를 통하지 않고도 구원을 받을 수 있다는 종교다원론을 강단에서 외치는 목사님도 늘었다. 무천년설을 강의하다 보니 짐승의 표(666)는 받아도 되고 안 받아도 된다는 설교도 일부에서 나오고 있다.

이렇다 보니 성경의 무오설을 따르던 신도들은 정말 갈 데가 없어진다. 강단의 경건성을 걱정하는 신도는 늘고 있는데, 강단의 경박성은 온 교회마다 늘어가고 있다는 것이 내 생각이다. 설교 또한 책 이야기, 신문 이야기, 드라마 이야기, 본인의 가정 이야기가 예화라는 틀을 사용해 너무 많이 차지한다. 생명력 있는 성경말씀은 너무 적게 언급되고 있다.

‘자, 이제 우리 하나님께 돌아갑시다. 그리고 말씀으로 무장합시다’라고 말하면 ‘보수꼴통’이라는 말이 되돌아 오기 십상이다. 보수신앙을 견지해 온 나는 ‘보수꼴통’이라는 표현이 마음에 든다. CCM은 예배 전에 부르고 예배 중에는 찬송을 드리자고 했더니 ‘목사의 허가도 없이 장로가 청년들에게 이래라 저래라 한다’는 말을 듣기도 했다.

‘우리 교회가 지금 과연 어디로 가고 있습니까?’라는 말이 나의 절규였다. 그렇다고 포기하고 물러설 수도 없고 나서기도 힘든 현

하나님?

어느덧 주제는 '장가 못 간 노총각' 이야기로 바뀌었다. 우리 회사 베트남 공장에는 40세가 넘은 노총각이 있었는데, 베트남 처녀와 15살 나이 차에도 불구하고 결혼에 성공해 아들을 낳았다고 하니 모두들 부럽다고 이야기한다. 그 친구 참 좋겠다고 말한다. 정말 부러운지는 모르는 일이지만 말은 그렇게들 한다.

우리 회사에 40세가 된 엘리트 직원이 있다. 서울의 명문대학교를 졸업하고 현재 관리자로 근무하고 있는데, 부모님 두 분이 모두 병치레를 하고 있어 결혼이 늦어지고 있다고 한다. 그 얼굴이 늘 수심에 차 있어, 부하 직원들은 침울한 분위기 때문에 업무에 지장이 많다고 한다. 부서 분위기가 어두워 근무 능률이 떨어지는 것도 문제지만, 직원들이 그 관리자의 웃는 모습을 본 시 1년이 넘었다는 것도 문제였다.

나는 가만히 생각해 보고 결론을 냈다. 나는 본부장에게, 그와 면담을 한 후 가까운 교회에 나갈 수 있도록 권유해 보라고 지시했다. 교회에 가면 우선 좋은 신부감이 많고, 또 좋은 목사님을 만나면 그 우울증이 치료될 수 있으며, 함께 어울리다보면 사회성도 좋아질 수 있다는 판단이었다. 혹시 우리 회사에서 그를 교회에 인도할 수 있는 사람이 있는지 찾아보라고 덧붙였다. 사람이 깎아 만든 돌덩이에 절하는 것보다 아주 현실적인 것이 아닌가 하는 생각이 들었다.

"담배를 피우는데 어떻게 하냐고 물으면 무어라고 할까요?"라는 본부장의 질문에 나는 "담배는 기독교의 본질과는 다른 문제이니 걱정하지 말라"고 이야기했다. 본부장은 이어서 "교회에 가면 십일조를 내라고 할 텐데 그에게는 큰 장벽이 될 것 같은데요."라고 물었다. 나는 "그것도 신앙이 생기면 해결될 문제이니 아무 조건 없이 교회에 출석하라."고 이야기했다. 사실 가장 중요한 조건은 '상식이 있는 좋은 목사님을 만나는 것'이라고 생각한다. 그리고 이 문제는 지성인들을 전도하는 데 매우 중요한 사항이라는 생각이다.

나는 '사람이 만든 돌덩이나 나무, 달 등에게 비는 것보다 수천 년 동안 검증받은 정통 기독교의 하나님께 기도하는 것이 결혼 문제와 우울증을 치료하는 데 훨씬 도움이 될 것'이라고 자신있게 이야기했다.

나는 하나님께서 살아계셔서 오늘도 나와 우리 회사를 지켜주신다고 믿고 있다. 그 하나님을 찾아보라고 이야기하고 싶다. 하나님께 '구하면 주실 것이요, 두드려라, 그러면 열릴 것'이라는 성경 말씀을 생각하면서, 오늘도 자신 속에 갇혀 있으면서 신앙의 세계를 잊고 지내는 사람에게 전해주고 싶은 이야기들이다.

양들은 괴롭다

참으로 예수를 잘 믿는다는 것은 쉬운 일이 아니다. 오랫동안 신앙생활을 하였으나 '내가 구원을 받았는가', '내가 가는 길이 정말 하나님이 원하시는 길인가' 하는 문제로 고민하고 또 고민하게 되는 일이 많다.

많은 사람들이 교회에 등록했다가 언젠가 떠나가고, 쉴 새 없이 교인들이 바뀌는 모습을 오랜 교회 생활 동안 보아왔다. 많은 이유가 있겠지만 교회를 떠난 사람들 중에는 교인들 간의 갈등, 장로들과의 문제, 특히 담임 목사와의 관계 때문인 것을 목격하게 된다.

그들 중에는 교회에 실망하고 신앙을 버리는 사람노 있으며, 다른 교회로 떠나는 경우도 많다. 이 교회, 저 교회를 전전하다 해답을 찾지 못해 천주교로 가는 경우도 있고 차라리 그냥 집에서 독자적으로 예배를 드리는 사람도 의외로 많은 것을 알게 되었다.

이처럼 교회에 실망하는 경우는 신앙의 변화 때문인 경우가 많다. 1970년대와 80년대 교회는 비록 가난할지라도 오직 기도와 간구로 하나님께 전적으로 의지할 수 있는 신앙이었다. 목회자도 가난했지만 그 열정만은 대단했다. 그 때 교회가 부흥했고 신본주의적 신학이 주류를 이루었다. 하나님을 향한 간구와 전도의 열정이 넘치던 시간이었다.

그런데 오늘날 삶이 넉넉해진 시대의 교회와 신학은 복음주의를 주장하지만, 인본주의적 신학이 급속히 확산되고 있음을 보게 된다. 사회봉사, 섬김, 전도, 헌금 등 예전에 전적으로 하나님께 의존하던 예배가 점점 퇴색하고 있는 것이 아닌가 느껴진다.

예배 시간에도 옆 사람과 인사를 나누고, 박수 소리와 드럼 소리, 기타 소리가 울리는 정신없는 예배 형태는 예배를 하나님께 '드리는' 것이라는 고정 관념을 가진 오랜 성도들의 입장에서는 견디기 힘든 면이 있다.

더구나 찬송가 대신 CCM이 드려지고 인본주의적 설교는 가슴에 와 닿지 않는다. 그래서 '양들은 괴롭다' 는 말을 하는 성도들이 늘고 있다. 근래 신본주의 설교를 하시던 원로 목사님들이 은퇴하고 뒤를 이은 젊은 세대 목사님들의 설교는, 복음주의라고는 하지만 성경 해석의 방향이 전혀 틀린 경우가 많다. '신학교의 신학이

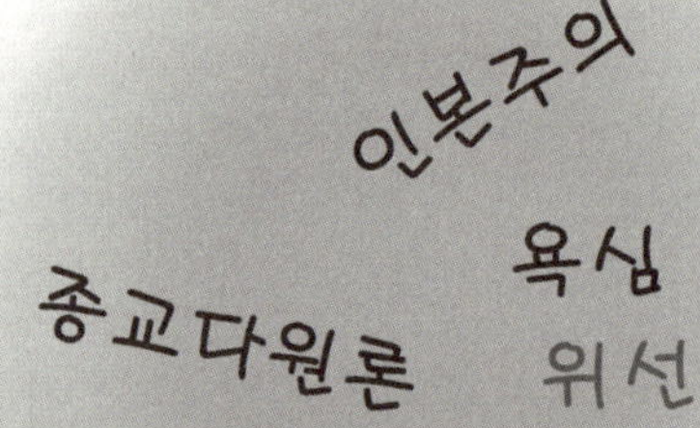

인본주의
욕심
종교다원론
위선

실이다. ‘교회 재정을 투명하게 했으면 좋겠다고 생각하고 있으나, 그 또한 쉽지 않은 현실’이라며 ‘단념할 수도 없고, 마냥 답답한 마음’이라던 교회 중직자의 이야기를 들으며 ‘그래도 잘 하고 있는 교회가 많지 않느냐’는 것이 내 생각이다.

베드로 사도는 베드로전서 5장에서 ‘양 무리를 치되 부득이함으로 하지 말라’고 장로들에게 말씀하셨다. 더러운 이득을 좇지 말라는 언급이다.

재물에 욕심내지 말고, 위선으로 하지 말고, 자신의 명예를 위해 하지 말고, 교인 앞에 군림하여 자신의 주장을 하지 말라고 성경은 가르치고 있다. 목회자를 포함하는 모든 장로들에게 하시는 말씀이라 생각한다.

장로의 한 사람으로서, 오직 양 무리의 모범이 되어 양들이 괴롭다는 이야기가 없도록 해야겠다는 생각을 해본다. 그리고 성도들이 괴로움을 느끼지 않는 이런 교회가 많아지도록 기도해야겠다.

매사에 감사하는 마음

얼마 전 어느 자매의 이야기를 우연히 들은 적이 있다.

언니가 "지금 이혼하면 위자료를 얼마나 받을 수 있을까?" 하고 동생에게 물었다고 한다. 환갑이 넘은 나이에 이혼을 생각하는 언니의 말을 듣고 동생은 깜짝 놀랐다.

언니는 황혼 이혼을 생각하고 있었던 것이다. 언니가 장기 이식 수술을 받을 때 뒷바라지를 한 남편, 30년이 넘는 시간 동안 동고 동락해 온 남편과 헤어져서야 되겠느냐는 동생의 설득에 언니는 이렇게 말했다고 했다.

"병이 나서 아픈 사람은 정작 나였어. 다른 그 누가 당사자인 나보다 더 아팠겠어?"

이 말을 들은 동생은 "언니는 왜 언니밖에 몰라? 내가 언니에게 장기를 떼어줄 때 나는 얼마나 아팠는지 알아? 우리 남편과 시댁에서 장기 이식을 얼마나 반대했는지 알아? 자신만 생각하지 말고 늘 모두에게 감사하는 마음을 가져야지" 라고 언니에게 심하게 핀잔을 주었다.

이 이야기를 듣고 나도 느낀 바가 아주 많았다. 제약회사 영업사원으로 시작해 이제 한국, 미국, 베트남, 이집트 등 세계 각국에 공장과 영업망을 갖춘 기업의 CEO가 됐다. 과연 나는 그동안 나를 도와준 많은 사람들과 내 가족들에게 과연 진정으로 감사하는 마음을 가졌는지 살펴보니 한없이 부끄러운 마음뿐이다.

1970년대 초 우리나라의 국민소득은 북한보다 낮았다. 우리는 100달러, 북한은 우리보다 약간 높았다. 그러나 30년이 지난 오늘 북한은 200달러를 채 넘지 못하고 있는 반면, 한국은 2만달러를 넘어섰다. 우리의 경제를 일으킨 아버지 세대의 힘이다. 열사의 사막과 봉제 공장에서 묵묵히 땀 흘린 장한 부모님의 고통을 기억하고 감사해야 한다.

얼마 전 관련공기업의 CEO 간담회가 있었다. 섬김과 봉사, 산업 발전과 안전을 추구하겠다는 공기업장의 인사말에 많은 CEO들은 진심으로 감격했다. 대한민국은 조용히 변하고 있다. 하지만 아직도 많은 공무원들이 '기업에 대한 봉사'를 낯설어한다. 기업이야말로 세계에 나가 경쟁하고, 돈을 벌어 세금을 내고, 일자리를 창출하

감사
감사
감사

며, 연구 개발을 통해 학문을 발전시키는 주인공이다. 그리고 이 돈은 다시 국방과 복지 등에 사용되는 것이다.

이처럼 기업은 세계 시장의 최전방에서 뛰는 군인이요, 영업사원인 것이다. 서로가 서로에게 감사하자. 부모님, 스승, 친지들에게 따뜻한 감사의 마음을 보내자. 정치인이 국민에게 감사하고, 국민은 열심히 일하는 정부에 감사와 격려를 보낼 수 있는 풍토가 조성됐으면 한다.

감사는 마음을 전달하는 통로이다. 내가 상대에게 진심으로 감사하는 마음을 가져야만 이 마음은 마음으로 전달돼 기쁨을 생산하고 보람을 만들며 자신감을 갖게 한다.

'감사가 제사보다 낫다' 는 성경말씀에 귀를 기울이고 나를 아는 모든 사람들에게 감사하고 감사를 표해보자. 우리의 인생이 훨씬 더 풍요로워질 것이다.

게임중독 청년과 착한 사마리아인

어느 초신자가 내게 해 준 이야기다. 그의 친척 여동생 중에 손을 못 쓰는 장애인이 있다고 한다. 장애가 있다 보니 어느 가난한 시골 총각과 결혼을 시키고 개인택시를 사주었다고 한다.

그럼에도 남편은 장애가 있는 아내를 자주 구박했고 때론 폭력까지 썼다고 한다. 다만 사이에 난 아들이 착하고 공부를 잘해 그동안 참고 살고 있었는데, 남편이 갑자기 사망했다고 한다. 친척 여동생은 이 어려움을 이겨내려고 노력했고 아들에게 더 헌신적으로 잘했다고 한다.

그런데 지방 국립대를 다니던 유일한 소망인 아들이 점점 변해 엄마는 당혹스러웠다고 한다. 점점 아버지를 닮아 어머니를 무시하기 시작한 것이다. 또 게임 중독에 빠져 학교도 휴학하고, 복학

했으나 성적이 나빠 제적 직전까지 갔다고 한다. 아들은 매일 술과 담배, 게임만 하고 머리는 장발이며 목욕을 안 해 냄새가 보통이 아니라고 한다.

급기야 어머니에게 쌍소리까지 한다고 했다. 하루는 친척 여동생에게서 전화가 와서 받아보니, "내가 코피가 나서 아들을 깨웠는데 아들은 화만 낼 뿐 자신을 그대로 방치해서 자칫 죽을 것만 같았다"며 "겨우 피가 멈춰 살았다"고 울면서 하소연했다고 한다.

이 초신자는 그 말을 듣고 경악했다. 동생에게 '그런 아들을 어떻게 가만히 두냐' 고 이야기하고 '아들을 포기하고 병원에 입원하라' 고 자문해 주었다. 그러나 동생은 '우리 두 식구뿐인데 아들의 식사는 어떻게 하냐' 며, '내가 죽더라도 아들을 돌보겠다' 고 해 어이없어 했다.

어느 날 또 전화가 왔다고 한다. 한 달 후면 새 학기가 시작되는데 복학하거나 휴학서류를 내지 않으면 완전히 제적이 되는데 신경도 안쓰고 요지부동이라고 했다. 결국 초신자는 그 조카와 직접 전화 통화를 해 보았으나 마음을 열지 않았고 그저 퉁명스럽게 대답했다고 한다.

가까운 친척들도 이야기를 듣고 '그 놈 참 나쁜 놈' 이라며 흥분만 했다. 모두 욕을 하면서도 대안을 내는 사람은 한 명도 없었다고 한다. 그리고 모두 '나 몰라라' 하는 태도였다고 한다.

이 초신자는 성경 말씀 속 '착한 사마리아인 이야기' 가 자신을 계속 압박했다고 한다. 누가 그들의 이웃인가, 그리고 '나는 기독교인으로서 어떻게 해야 하는가' 를 고민하다가 잠을 설쳤는데, 계속 그 구절이 생각났다고 한다. 착한 이웃이 되려면 우선 자신의 친척부터 도와야 된다는 절박감이 엄습했다고 했다.

그래서 그 다음날 조카에게 전화를 해 설득했고 우선 휴학계를 내 제적을 면할 수 있도록 해결했다. 학교 문제가 해결되니 일단 급한 불은 끈 셈이었다. 다음 일은 조카의 마음을 돌리는 일이었다. '너의 불쌍한 어머니가 도시락을 배달하며 번 적은 돈으로 네가 먹고 살고 있는 것' 이라며, '이제 어머니가 아파서 배달을 다니기가 힘드니 네가 어머니를 도와야 한다' 고 이야기했다.

처음에는 어림도 없는 일이라고 생각했으나 조카는 의외로 흔쾌히 받아들였다. 조카는 어머니를 모시고 함께 새벽에 도시락 배달을 나갔다. 머리를 깎고 목욕도 했다. 아르바이트 자리도 만들어 다음 학기 등록금을 만들라고 조언해 주었다고 한다.

얼마 전 통화를 했더니, '이제 며칠 있으면 한 기업체에서 몇 달간 근무할 예정' 이라며 '등록금도 마련해서 학교생활을 시작하겠다' 는 답을 했다고 한다. 그리고 조카는 이 초신자에게 '무척 감사하다' 는 말도 잊지 않았다고 한다. 참으로 놀랍고 큰 변화였다.

어느 날 조카가 전화를 해서 '왜 나를 이렇게 도와주냐' 고 물었다고 한다. 이 초신자는 '나도 너 정도 나이였을 때 아버지를 잃고 그 고통을 겪었으니 너를 이해할 수 있다'고 했다. 그 청년은 깊이 감격했다고 한다. 그는 이제 모든 병에서 벗어났다. 의기소침, 우울 증, 사회에 대한 좌절감도 극복했고 새 희망의 앞날을 기대한다고 했다.

이야기를 다 듣고 난 후, 나는 그 초신자에게 다음에 또 조카에 게서 전화가 오면 '성경 말씀 중에 예수님께서 누가 나의 이웃인지 를 착한 사마리아인의 예로 설명하고 이것이 너를 도운 것'이라고 전하라는 이야기를 해 주었다.

결국 성경 구절 하나가 젊은 청년을 구원한 셈이었다. 그리고 또 그 청년은 다른 고통 받는 사람들을 도울 것이라는 생각을 해 보 았다. 성경의 말씀은 힘이 있다. 초신자의 정체성에 영향을 주어 그 가 행동으로 실천하도록 했다. 좋은 크리스천의 모습이다. 좋은 교 인의 모습보다 더 아름답다.

"이러므로 그들의 열매로 그들을 알리라. 나더러 '주여, 주여' 하는 자마다 천국에 들어갈 것이 아니요, 다만 하늘에 계신 아버지 의 뜻대로 행하는 자라야 들어가리라. 그러므로 누구든지 이 말을 듣고 행하는 자는 그 집을 반석 위에 지은 지혜로운 사람 같으리 니"(마 7:22~24)라는 말씀을 되새기면 좋겠다.

좋은 크리스천은 하나님의 말씀을 알고 있지만 말고 행해야 된

행함

다. 그 열매가 가난한 자, 절망하는 자에게 기쁨을 주고 어려운 곳
에서 일어나게 할 수 있다. 좋은 크리스천의 모습을 보면서 나도
큰 은혜를 받은 기분이었고 흐뭇했다. 감사합니다, 하나님.

옳지 않은 청지기 비유

성경을 읽으면서 제일 이해가 되지 않는 구절 중 하나가 '옳지 않은 청지기 비유'다. 어떤 부자가 자신의 청지기가 주인의 소유를 낭비한다는 소문을 듣고 그 청지기를 불렀다. 그리고 그에게서 청지기 직무를 빼앗았다. 직책을 잃게 된 청지기는 땅을 파자니 힘이 없고 빌어먹자니 부끄러워 노후를 걱정하기 시작했다. 청지기는 결국 꾀를 내어 주인에게 빚진 자들을 불러 모았다. 그리고 그들이 진 모든 빚을 줄여시 새 계약서를 작성해 주었다. 주인의 재산을 축낸 것이다.

그러나 주인은 옳지 않은 청지기를 오히려 지혜로웠다며 칭찬했다. 성경은 이 세대의 아들들이 빛의 아들들보다 더 지혜롭다고 말씀하신다. 그리고 재물로 친구를 사귀면 그 재물이 없어질 때 천국으로 갈 수 있다고 정리한다. 돈이 많은 사람이 좀 더 많이 베풀라는 뜻으로 해석된다. 이 구절은 좀 이해가 되지만, 사실 참 해석하기 어려운 내용이다.

어느 검찰 공무원의 이야기다. 그는 자신의 직무에 누구보다 열심이었다. 청렴하고 정의로운 성격으로, 사건을 맡으면 어느 누구의 이야기도 듣지 않고 끝까지 파헤쳐 처벌을 받게 했다. 동료의 이야기도 통하지 않고, 소위 말하는 '빽'도 전혀 통하지 않는 정의의 사도였다. 그러다 어떤 사건을 처리하면서 약간의 오해가 생겼다.

그런데 아무도 그를 도와주는 사람이 없었다. 그리고 퇴직을 한 후 변호사 사무실의 사무장 자리를 원했으나 문전박대를 당했다. 그는 오늘도 직업을 찾아 이 사람, 저 사람에게 부탁을 하고 있다. 나는 무엇인가 잘못되고 있다고 생각했으나 그를 도와줄 위치에 있지 못해 안타까운 생각만 갖게 되었다.

이 사람은 성경에서 말씀하시는 '상대방에게 벌을 주되 감당할 만한 것만 주고, 너무 확대 해석하여 큰 상처를 주지 말라'는 교훈을 잊고, 자신의 직무를 너무 확대하여 결국 인심을 잃은 채 사회에 나갔다는 생각이 든다.

또 다른 공무원의 이야기다. 그는 행정고시를 통해 간부로 공무원 생활을 시작했다. 세상이 만만해 보였다고 한다. 그러나 봉급은 적었다. 그래서 빨리 출세할 생각을 하다 아주 친한 친구의 이야기

착한 일

를 들었다.

증권에 투자하면 큰돈을 벌 수 있다는 이야기에 두 친구가 10억 원 정도를 투자했고 결국 모든 것을 날렸다. 권유한 친구는 완전히 파산했고 오히려 3억 원 정도의 빚을 지게 되었다. 월급에서 이자를 내고 나면 살기가 너무 어려웠다. 그래서 퇴직금을 받아 빚을 정리하기 위해 공무원을 퇴직할 결심을 하고는 다른 친구와 상담을 했다. 친구는 어렵게 지금 자리까지 승진했는데 어떻게 그만둘 수 있느냐며, 자신의 돈을 무이자로 어느 정도 빌려주겠다고 흔쾌히 말했다.

이 친구는 평소 이 공무원과 어려울 때마다 서로 상담을 했고 많은 정신적 위로를 주고받았다고 한다. 그래서 항상 그에게 고맙게 생각하고 있다가 마침 어려운 입장에 있다고 하니 선뜻 돈을 빌려준 것이다. 그의 말에 이 공무원 친구는 감격해서 힘을 얻었다. 은행 빚을 일부 해결하고 사표도 제출하지 않았다고 한다.

사람은 누구나 어려울 때가 있다. 은혜를 베풀면 언젠가는 도움이 될 때가 있다. 이 공무원은 자신이 직무 중에 긍정적인 사고로 판단한 것들이 결국 자신에게 도움이 되어 돌아왔다고 생각했다고 한다. 자신에게 힘이 있을 때 더욱 남을 도울 것이며, 앞으로도 긍정적 사고와 판단을 잊지 않겠다는 이야기를 했다. 그리고 잃었던 신앙도 한번 점검해 보겠다고 했다.

사회생활 속 크리스천의 처신에 대해 한번 생각해 보았다. 정의감을 너무 앞세워 극단적인 행동을 함으로써 친북이라는 평가를 받는 목회자나 사제가 있다. 교인들도 예전에는 그들을 적극 옹호하는 분위기였으나 근래에는 그렇지만은 않다.

직장 내에서도 야근 좀 하라고 하면 교회에 가야 한다며 정시 퇴근을 주장하는 사람도 있다. 모든 인생의 최고의 가치가 교회에 있다고 한다. 참 좋은 교인이다. 그 정도의 신앙을 갖고 있다는 것에 좀 부러운 생각도 들긴 하는데, 야근을 하는 주위 동료들의 생각과는 다른 경우가 있다. 기독교인들의 이미지는 주변 직장 동료들의 전도에도 영향이 크다. "저 사람은 너무 이기적이야"라고 하거나 "저 사람 때문에 나는 교회 가기 싫어"라고 하는 사람도 많다.

반대의 경우도 있다. "저 부장님이 믿는 종교는 나도 한번쯤 믿음을 생각해 보겠다"는 사람도 있다. 잠재 교인을 만든 것이다. 전도의 첫걸음이다. 이제 목사님의 전도보다 성도들의 생활 속에서 이루어지는 전도의 영향력이 많이 커지고 있다. 교회와 목회자에 대한 평가가 사회에서 긍정적인 영향을 끼칠 때와는 다른 시대가 되었다. 크리스천의 처세에서 기독교의 미래가 보인다.

세상살이에 도움이 되는 성경 말씀이 있다.

"우리는 기회 있는 대로 모든 이에게 착한 일을 하되 더욱 믿음의 가정들에게 할지니라." (갈 6:10)

세상에 착한 일을 하고, 우리 믿는 크리스천끼리 더욱 더 착한 일을 하자. 기회가 있을 때마다 서로 도우라는 말씀이다. 외로운 크리스천끼리 도울 일이 있으면 서로 돕자. 그래서 세상에서 외롭지 않게 살자는 생각이 든다.

성경은 죄가 많은 곳에 은혜가 많다고 말씀하고 계시다. 죄 중에 회개하고 하나님께 나아가면 하나님은 우리의 간구를 들으시고 우리가 원하는 바대로 성취해 주신다. 그래서 기도와 산구는 우리들에게 생명줄과 같은 존재인 것이다.

04

하나님을
경외하는 삶

쓸쓸한 인생 3막

얼마 전까지만 해도 무척이나 추운 겨울이었는데, 봄은 잠시 스쳐가고 금세 무더운 여름이 되었다. 봄과 가을이 여름과 겨울 속으로 숨어버렸나 보다.

우리네 인생은 1막을 부모님 보호 하에 공부하고 준비하는 시간으로 삼는다. 2막은 꽃을 피우고 무언가 이루려고 노력하며 결실을 얻고, 그리고 그 열매로 인생 3막을 시작한다. 2막에서 재물도 모으고 명예도 가졌고 자식 농사도 잘 되었으나 왠지 모르게 3막이 쓸쓸하고 외로운 경우가 많다.

내가 아는 한 분은 2막에서 큰 성공을 거뒀다. 수백 억 원의 재산을 가진 그는 회사를 장남에게 넘겼고, 그의 딸은 의사 남편과 잘 살고 있다. 남부럽지 않은 성공한 인생이다.

그 분은 어느 날 지인을 찾아가 외로움을 토로했다. 젊게 보이고 싶어 성형외과를 찾아가 치료를 받고 싶다고 했다. 그리고 그 많은 돈도 자신에게 아무런 의미가 없다고 이야기한다. 기업을 자식에게 주었으나 이 험난한 환경에서 기업을 몇 년이나 유지할 지 자신이 없다고 했다.

게다가 부부끼리 별로 대화도 없고 아침 식사도 제대로 얻어먹지 못할 때가 많다고 한다. 아들이 함께 살던 때에는 부인이 아침 식사를 꼭 해 주었는데 아들이 결혼하고 나니 아침식사를 그냥 거르는 경우가 많다고 했다. 부자 회장님께는 정말 어울리지 않는 이야기다.

낙이 있다면 일주일에 두 번 골프장에서 시간을 보내는 것과, 장남에게 물려준 회사에서 고문 역할을 하는 일이라고 한다. 인생이 쓸쓸하다고 덧붙인 그는 남은 재산을 좋은 곳에 기증하고 싶다고 했다. 그러나 그것도 잠깐씩 드는 생각일 뿐이라고 하며 '나는 길을 잃었다'고 했다.

또 내가 아는 대학 교수가 있다. 이 분은 인생 1막에서 어려운 가정환경을 이겨내며 열심히 공부해 대학 교수가 됐고 성공적인 2막을 시작했다. 돈도 좀 벌어서 아들을 미국으로 유학 보냈고 아내도 아들을 따라 미국에서 살게 됐다. 20년 동안 가족을 뒷바라지하며 기러기 아빠 노릇을 했는데, 작년에 미국에 갔다가 이혼을 하

3막
2막
1막

고 한국으로 돌아왔다. 이미 아들과 부인은 남의 사람이 되어 있었다고 한다. 우울증에 걸려 양평에 있는 조그만 집으로 이사를 가고 세상을 멀리 하며 텃밭을 가꾸는 재미로 살고 있다고 한다.

인생 3막은 봄과 가을이 빨리 지나가듯이 우리에게 너무나 빨리 다가온다. 인생의 성공이 무엇을 의미하는지도 모르고 숨가쁘게 달려가 버린다. 부와 명예와 지식을 다 가졌어도 외롭기는 마찬가지고, 아무리 좋은 지식을 가졌어도 쓸쓸하기는 마찬가지라는 하소연을 하는 사람이 많다.

솔로몬 왕은 젊은이들에게 당부했다.

"너의 창조주를 기억하라. 곧 어려운 날이 이르기 전에, 내겐 아무 낙이 없다고 할 때가 다가오기 전에, 그리고 해와 달이 어둡기 전에."

그리고 인생에서 제일 중요한 것은 하나님을 경외하고 그의 명령을 지키는 일이며 이것이 사람의 본분이라고 말한다. 인생 3막에서 외로운 사람도 하나님을 경외할 일을 시작한다면 인생을 새로 시작할 힘이 생긴다. 그리고 그분의 명령을 지킬 것을 찾으면 새 인생이 시작된다.

그것을 찾자. 그러면 바빠진다. 그리고 새 용기가 생긴다. 그리고 새 생명을 얻을 준비도 함께 할 수 있다. 이제 우리에게 희망과 새 용기를 주는 성경 말씀을 공부하고, 하나님이 기뻐하시는 일을 행해 보자.

주님의 평강을 기도해 보라. 그리스도의 평강이 우리를 위로하고 인생 3막을 보람 있게 보낼 수 있는 지혜를 반드시 우리에게 주실 것이다.

"목사님, 예수 잘 믿으세요"

"여러분, 예수님 잘 믿으세요"

이 말은 전도를 위해 초보자에게 하는 말이 아니다. 故 한경직 목사님이 병석에 계실 때 문병을 온 목사님들에게 하신 말이다.

"목사님은 예수님을 믿습니까? 예수 잘 믿으세요"

그런데 많은 목사님들이 이 말씀에 찔림을 받았고 감동을 받았으며 자신을 되돌아보는 반성의 시간을 가졌다는 어느 목사님의 고백에서 많은 것을 느꼈다. 나에게도 똑같은 질문을 한다면 무어라 대답할 수 있을까 하는 생각을 해 보았다.

'나는 정말로 예수님을 나의 구세주로 믿고 나의 행동과 생각을 그 분의 관점에서 하고 있는가' 하는 반문을 해 보면 부끄러울 뿐이다. 그리고 '살아계신 하나님이 오늘도 나와 동행하시고 나를 인도하고 계시다는 것을 느끼고 확신하고 있는가’ 하는 점에서는 더욱 부끄럽다.

그러나 분명히 성령님의 인도와 간구 속에 내가 살아가고 있다는 것은 확실하다. 그리고 하나님께만 의지하고 모든 것을 하나님께 맡기며 그 분이 기뻐하실 일만 하고 일생을 살아간다면 그 신앙이 제일 바람직한 신앙일 것이다.

하지만 어떤 때에는 그렇게 생각하다가도 잠시나마 깜빡 깜빡 잊곤 하는 게 신앙이다. 나도 이 문제로 깊은 묵상에 잠긴 적이 많다. 그러나 믿음의 증거가 생기면 신앙심이 더욱 굳건하게 되는 경우가 많다. 많은 시련과 고난 속에서 하나님께 간구하고 기도하면서 그 어렵고 힘든 시련의 때를 넘기면 비로소 믿음의 증거가 생기며, 하나님을 더욱 의지하고 신앙이 무럭무럭 자라고 있음을 느낄 때가 많다.

그래서 성경은 죄가 많은 곳에 은혜가 많다고 말씀하고 계시다. 죄 중에 회개하고 하나님께 나아가면 하나님은 우리의 간구를 들으시고 우리가 원하는 바대로 성취해 주신다. 그래서 기도와 간구는 우리들에게 생명줄과 같은 존재인 것이다. ‘기도할 수 있는데 무엇을 걱정하십니까’ 라는 문구가 생각난다

그런데 우리 신도들과 달리 목회자인 경우 오히려 신앙생활이 어려울 때가 많다고 한다. 바로 교단 신학의 문제이다. 장로교 신학

은 신유, 방언, 직접계시라는 특별 은사에 대해 부정적이다. 이것을 공개적으로 강조하면 목회자로서 문제가 생긴다. 그러나 개인적으로는 방언과 신유의 은사가 있다며 이것을 굳게 믿고 있으나, 신학의 울타리에서 교인들에게 설교할 수 없음을 안타깝게 생각하는 목사님을 만날 기회가 많았다.

그러나 오순절신학은 특별은사를 지나치게 강조한다. 그래서 성경 말씀을 등한시하는 경우가 있다. 성경 말씀을 중요시하는 신학을 갈망하는 오순절 계통 목사님의 이야기도 들은 적이 있다.

신학의 정통과 자유신학의 전제가 무척 중요하다. 이 논쟁이 격렬했던 시기는 종교개혁이 일어났던 16세기였다. 마틴 루터를 비롯한 종교개혁자들은 로마 천주교회가 전통, 무지, 미신으로 오염되었다고 보고 오직 성경적 가르침에 기초해 교회를 정화하고자 했다.

천주교는 성경을 하나님의 말씀으로 인정하지만 특별 계시인 성경은 불완전하므로 교회 회의가 제정한 것이 바로 하나님의 결정이라고 본다. 따라서 성경은 천주교의 전통과 교회 회의의 도움 없이는 어떠한 권위도 갖추지 못하며 교회 회의에 의해 교리가 결정되어야 한다고 가르친다. 이것이 천주교의 신학이다. 이 신학에서 마리아 숭배 사상을 거론할 수 있다. 또 마리아를 높여 하나님의 어머니로, 예수 그리스도의 대리자로 간주하곤 한다.

예수님 잘
믿으세요.

이는 로마 천주교 수사였던 알폰소 리구오리라는 사람이 마리아의 영광이라는 책을 통해 강조했고, 그가 죽은 후 천주교회는 그를 성자로 지정했다.

313년 콘스탄티누스 황제가 기독교를 공인한 후 헬레나, 아데미 등 여신을 섬기던 이교도들이 기독교로 들어오면서 여신을 대신해 마리아를 섬기게 되었고, 천주교는 결국 마리아 신심 교리를 발표하고 로마 천주교인은 반드시 이를 고백해야 된다고 선언하였다. 이것은 사실상 이교도적이고 반기독교적인 신학 운동이라고 많은 학자들은 주장하고 있다.

신부님, 목사님들이 교단 신학적 배경 때문에 어쩔 수 없이 예수님을 바로 믿지 못하는 대표적인 이유다. 그러나 우리 성도들은 성령이 인도하는 대로 올바르게 신앙을 고백하고 믿을 수 있으니 얼마나 행복한가를 다시 한 번 생각해 본다. 그래서 천국에 가면 목사님, 신부님을 찾아보기 힘들다는 우스개 소리가 있다.

하나님은 살아 계시고 인간의 생사화복을 주장하시는 창조주이시다. 이 불변의 진리를 견지한다면 우리의 하루하루가 더 진지해지지 않을 수 있다. 하나님의 은혜에 감사하지 않을 수 없다.

‘목사님, 예수님 잘 믿으세요’ 라는 故 한경직 목사님의 간단한 메시지가 우리에게 큰 교훈으로 와 닿는 이유를 알 것 같다.

“하나님, 우리가 성경을 하나님 말씀으로 믿고 예수 그리스도가

우리의 길이요 진리요 생명이라는 성경 구절을 마음 깊이 새기고 예
수 그리스도만 따라가는 순수한 믿음을 갖게 해 주시옵소서."
　이렇게 조용히 기도를 드린다.

폭풍우 속에서 지키시는 주님

'조그만 냇물에서 시작해 강에 이르니, 드넓은 바다가 보이네.'

이 구절은 한국유나이티드제약 사가(社歌)의 일부 노랫말이다. 그렇다. 여직원 한 명과 더불어 시작한 기업이 이제 국내외 1000명 가량이 재직하는 기업이 됐다. 하지만 냇물을 지나 강에 이르렀다고 생각했는데 아무런 준비도 되어 있지 않은 상태에서 대기업으로 분류됐고 이제 막 바다 귀퉁이에 왔다. 준비도 없이 바다로 떠밀려 내려온 것이다. 좋다는 생각보다는 두려운 마음이 앞선다. 대기업이 될 여건을 충분히 갖추지 못하고 폭풍우가 닥치는 망망대해로 나왔으니 걱정이 이만저만이 아니다.

지금 한국 경제 환경도 만만치 않다. 그 속에서 어떻게 살아남을까 하는 생각에 밤잠을 설칠 때도 많다. 많은 사람들은 나만 보면 무언가 기대를 하고 있다. 그 기대를 만족시키기에는 너무나 부족하다는 생각을 하곤 한다.

그래서 기댈 곳은 하나님 밖에 없다는 생각을 갖고 경영에 임하고 있다. 이 기업은 하나님이 인도하고 계시니 아무리 큰 풍랑이 와도 나는 겁 없이 할 수 있다는 신념, 그것 하나만 갖고 경영하고 있다. 이 신앙이 없으면 신경쇠약과 우울증에 걸려 헤어나지 못할 것만 같다. 정말 큰 태풍을 만났다. 하나님의 도우심으로 문제가 해결됐을 때에도 그저 "하나님 감사합니다" 하는 생각뿐이다.

그러나 너무나도 큰 폭풍 속에서는 잠시 무서움을 느낄 때도 많다. 그럴 때마다 '베드로가 폭풍우 속에서 주님을 만나 물 위를 걷다가 잠시 들었던 두려움 때문에 물속에 빠졌고 그를 주님께서 건져 주신 것'을 생각하며 신앙을 더욱 다져나가는 생활을 하는 때가 많다.

어떻게 신앙 없이 망망대해를 항해하겠는가. 젊은이들에게 묻고 싶은 말이다. 나더러 다시 젊어져서 사업을 또 시작하라고 하면 나는 자신 없으니 지금이 좋다고 말하고 싶다. 과거로 돌아가 다시 시작하라면 못하겠다는 생각이 든다. 아직 세상살이를 시작하는 출발점에 있는 청년들이여, 주님을 붙잡지 않고 긴 세월 인생을 이겨낼 수 있냐고 묻고 싶다. 또한 지금처럼 세속적이고 재미난 교회 생활이 당신들에게 과연 도움을 줄 수 있겠느냐고 묻고 싶다.

주님

전자 기타와 드럼 소리에 당신의 신앙은 제 갈 길을 제대로 가고 있는지, 오히려 그 소리에 마취되어 있지는 않은지, 진정한 하나님의 뜻을 놓친 채 친교 모임으로 교회를 인식하고 안이한 신앙생활에 만족하고 있는 것은 아닌지 생각해 볼 때가 된 것 같다. 말씀을 붙잡고 하나님과 이어진 기도의 끈을 놓지 않는 강인한 신앙을 따라야 한다는 생각을 해 볼 때가 아닌가.

정말로 성경에서 무엇을 깨닫고 있는가. 믿음의 증거는 있는가. 목사님의 설교 말씀에만 만족하고 자신의 신앙은 놓치고 있는 것이 아닌가 생각해 볼 때다. 젊을 때에 여호와를 알고 진정 그가 기뻐하시는 뜻을 찾고 진지한 신앙을 찾아야 큰 뜻을 이루어 나아갈 수 있다는 생각을 해 보았다. 폭풍 속을 뚫고 나가려면 이에 합당한 신앙태세가 필요하다.

만사에는 다 때가 있는 법이다. 날 때가 있고 죽을 때가 있으며 울 때가 있고 웃을 때가 있다. 슬퍼할 때가 있고 춤출 때가 있으며 찾을 때가 있고 잃을 때가 있다. 사랑할 때가 있고 미워할 때가 있으며 전쟁할 때가 있고 평화로울 때가 있다. 전도서 말씀이다.

젊을 때 해야 할 일을 찾아 폭풍우 속에서 도우시는 주님의 인도로 간절히 간구해보자. 지금이 바로 그 때다. 놓이키면 이미 늦다.

또 닭죽이야!

어느 화창한 날의 점심시간이었다. 회사 구내식당에서 식사를 하던 중 남자들의 수다가 시작됐다. 수다는 여자의 전유물이 아니다. 수다스러운 남자도 적지 않다.

한 직원이 말하길 자신의 친구 중에 아침 식사로 꼭 닭죽을 먹는 사람이 있다고 했다. 그러자 다른 임원이 "그 분은 참 행복한 사람"이라고 했다. 그러나 직원의 설명은 달랐다.

그 친구의 아침 닭죽은 아들에게 사 준 통닭의 껍질에 식은 밥을 넣어 부인이 만들어낸 작품이라는 것이다. 그래서 간혹 닭죽을 먹을 때마다 "오늘도 또 닭죽이냐"는 푸념의 소리라고 한다.

이 말을 한 직원 자신은 매일 아침 삶은 감자를 세 개 씩 먹고 출근한다고 했다. 아들이 같이 살던 때엔 아내가 아침을 차려주어 매일 식사를 할 수 있었는데, 아들이 유학을 가고 나니 밥 얻어먹기가 쉽지 않다고 한다. 처음에는 건강에 좋다는 미숫가루를 아침 식사 대용으로 삼다 지겨워져 겨우 얻어낸 것이 감자였다고 한다. 감자 1주일분을 삶아서 냉장고에 넣고 매일 세 개 씩 꺼내 먹고 출근을 하니 아침부터 배가 고프다고 한다. 요즘 남편들 참 불쌍하다는 생각이 들었다.

연구소 김 박사의 아내는 성당 새벽기도에 나가기 때문에 아침을 차려주지 못한다고 한다. 성당 봉사활동, 호스피스, 고아원 봉사 등으로 너무 바빠 남편에게 밥 해주는 것을 잊은 모양이라고 한다.

그래도 돈 잘 벌어오는 남편인데 밥부터 차려주고 봉사활동을 해야 하지 않느냐고 옆 사람이 이야기했다. 교회에서 봉사 잘 하는 아무개 권사가 아무리 믿음이 좋다고 할지언정, 집에서 좋은 아내 노릇 하는 것도 그에 못지않게 중요한 일이라는 생각이 들었다.

가정에서 인정받고 하나님한테도 인정받는 신앙생활이 균형 잡힌 신앙생활이 아닌가 여겨진다. 교회에서도 천사, 집에서도 천사, 직장에서도 천사로 통하는 신도가 징밀 좋은 하나님의 사람이라는 생각이 든다.

바로 그것이 예수님께서 우리에게 "니희는 세상의 빛과 소금이 되라"고 하신 말씀에 부합되는 삶이며, 그 삶 속의 신앙이 진실된 신앙이라는 생각이 들었다.

봉사활동
또?

예수를 믿는 우리는 세상 속에서 본보기가 되어야 한다. 예수님을 믿는다는 것, 크리스천이라는 것 때문에 손해보는 것이 당연하다. 신앙인이 세상 사람들과 똑같이 행동하고 말하고 다툰다면 이는 복음을 전하기는 커녕 방해하는 꼴이 된다.

나 하나가 바로 설 때 주위도 달라진다. 내가 먼저 변한 뒤에야 다른 사람을 변화시킬 수 있다. 내가 먼저 희생하고 헌신할 수 있는 삶이야말로 크리스천의 표증이라 여긴다.

베리칩 논란

　며칠 전, 신학 대학 총장님들과 조찬 모임을 한 적이 있었다. 그 자리에서 우연히 버락 오바마 미국 대통령이 이번에 통과시킨 건강 보험법에 대한 이야기가 나왔다.

　이 법은 이마나 오른손에 베리칩을 삽입하는 이상한 법이다. 우선 외국인 유학생부터 시행하고 점차 미국인들에게 확대 시행된다고 한다. 이 베리칩은 테러 방지를 위해 위치 추적 장치가 부착되고, 건강에 관한 모든 내용이 수록되어 진료와 보험 등에 아주 유용하게 쓰인다고 한다. 그 대신 모든 사람들이 통제되고 감시받는다는 인권 침해의 문제가 강력하게 대두되고 있다. 그러나 아직은 매매에 관한 강제 규정은 없다고 한다.

　성경에서는 '666'이 짐승의 표라고 말씀하시고 절대로 받지 말

? 베리칩

? 666

? 짐승의 표

것을 강권하고 있다. 그러나 일부 신학자들은 이 표가 상징적이라고 생각하며, 받아도 좋고 안 받아도 좋다고 해석하고 있다. 특히 무천년을 주장하는 분들 중에 이런 분들이 많다. 전천년을 주장하시는 신학자들은 절대로 받으면 안 된다고 말씀하신다.

옆에 있던 한 교수님이 '강 장로는 무천년을 주장하는 분들을 매우 싫어하지요?' 라고 농반진반으로 운을 뗐다. 그러자 한 교수님이 정색을 하시며 '성경 상 그 칩을 받는 게 어떻습니까?' 하고 말씀하신다. 신학적으로 논쟁해 봐야 내 짧은 성경 지식으로는 당할 길이 없다. 그래서 나는 빙그레 웃으며 '우리 부부는 미국 영주권을 포기했습니다' 라고 답했다.

그러자 대화는 끝났다. 신학의 주장이 어떠하더라도 나는 이마나 손에 표를 받는 것은 못하겠다는 생각에는 변함이 없다. 그 어느 신학자나 목사님이 말씀하셔도 성경의 말씀이 우선이 아닐까 생각해 보았다.

요한계시록 13장의 말씀은 '부자나 가난한 자나 그 오른손에나 이마에 표를 받게 하고 누구든지 이 표를 가진 자 이외에는 매매를 못 하게 하니 이 표는 곧 짐승의 이름이나 그 이름의 수' 라고 말씀하시고, 20장 말씀은 '이마와 손에 그 표를 받지 아니한 사람들이 살아서 그리스도와 더불어 천년 동안 왕노릇하니' 라고 말씀하고 계신다.

이 모임에서 나는 고집불통의 광신도쯤으로 여겨진 느낌이다. 그러나 내가 느끼는 신앙의 관점이 그러하기에 어떤 상황에도 내 의견과 생각을 바꿀 마음이 없다. 성경이 말하고 있는 것을 그대로 믿는 것이 바로 신앙이라고 한다면 나는 이 베리칩이 짐승의 표가 될 수 있다고 여기기 때문이다.

믿음은 하나님과의 관계로 쌓아지지만 결국 성경을 통해 진리를 깨닫고 말씀의 깊이를 내 것으로 소유하게 된다. 누가 뭐라고 해도 양보할 수 없는 것이 신앙이기도 하다. 이날 나는 다른 사람들과 생각의 차이를 보이긴 했지만 그래도 내 마음은 주님으로 인해 즐거웠다.

아들아, 새 아버지를 소개한다

어느 여교수가 이혼을 한 후 극심한 절망에 빠져 교회를 찾았다. 눈물의 기도 후 주님을 받아들이고 나서, 그 아들에게 "옛 아버지 대신 너를 지켜줄 새 아버지가 있는데 이 분이 바로 하나님 아버지다"라고 말했다. 그리고는 아들에게 '오늘부터 함께 교회에 나가자'고 권했다.

예전에 이 여교수는 부산에 살고 있었다. 아들이 성악에 뛰어난 재능을 보이는 것을 보고 서울에 있는 예고에 입학시키고자 서울 대치동으로 이사했다. 남편과 떨어진 채 아들 뒷바라지를 하던 중 남편이 '아들을 택하든지 부산으로 내려오든지 결정하라'며 이혼을 요구해왔다.

아들의 재능이 너무나 아까웠기에 계속 서울에 남아 아들의 성

기도
고난

악 공부를 도왔고, 이혼 후 너무나 쓸쓸하고 의지할 데가 없어 울던 중 하나님을 찾은 것이다. 하나님께 의지한 후에는 새로운 희망을 찾았다. 아들은 예고를 졸업한 후 서울대학교를 졸업했으며, 미국에서 박사 과정을 밟고 있다고 한다.

아들의 재능은 남달랐다. 주기도문을 독창할 때면 온 교인이 감동을 받고 눈물을 흘릴 정도였다. 그 목소리에 감동받은 어느 노신사의 소개로 예쁜 규수를 만났는데, 그 규수가 바로 노신사의 친손녀였다. 게다가 이 노신사는 아주 큰 대학의 이사장이라고 한다.

이제 아들은 결혼을 앞두고 있다. 이 여교수는 너무나 감격스러워 친척을 찾아가 하나님의 축복을 눈물로 간증했다. "내가 한 일은 새벽기도에 참여해 하나님께 모든 것을 간구한 것뿐이다. 그때마다 들어주신 하나님께 진심으로 감사드린다. 하나님이야말로 어렵고 힘든 살림을 지켜주시고 우리에게 위안을 주신 분이다."

여교수는 '왜 사람들이 이토록 도움을 주시는 분께 의지하지 않는지 모르겠다' 며, '세상에서 제일 쉽고 중요한 일인데 왜 하지 않는지 모르겠다' 고 말했다.

우리가 세상을 살아갈 때 무척 힘들고 어려워 절망할 때가 많다. 그러나 하나님께 의탁하고 그 분을 전적으로 의지하고 간구하면 하나님은 꼭 들어주신다.

나는 고통 중에 있을 때엔 시편을 읽으며 큰 위로를 받는다. 시편에서는 다윗이 고난과 죄 중에 있을 때, 생명의 위협이 코앞에 있을 때마다 모든 것을 하나님만 의지하고 담대히 나아가는 여러 구절을 발견할 수 있다. 때마다 지켜주시고 힘을 주시는 하나님의 사랑을 깨달을 수 있다.

하나님은 우리의 간구를 외면하시지 않는다. 지켜주시는 하나님, 병을 치유해 주시는 하나님, 우리의 등불이 되시는 하나님을 성경 속에서 찾고, 절망 가운데에서 새 힘과 용기를 얻고 일어선 신앙 선배들의 이야기를 경청해보자. 죽음의 문턱에서 새 생명을 주신 하나님, 부도 직전에서 회생시켜주신 하나님, 우울증에 빠져 생명을 포기하려 할 때 지켜주신 하나님. 그분의 능력과 사랑을 잊지 말자.

예수 그리스도를 닮아 가는 우리의 모습을 통해, 진정한 크리스천이 되어 하나님을 기쁘게 해 드리는 우리의 인격을 발견하게 되는 것이다. 이런 것을 확신한 나약한 이혼녀인 여교수의 눈물의 기도를 하나님은 들으셨던 것이다. 또한 하나님은 모든 주의 백성에게도 똑같은 사랑과 축복을 주신다.

이것이 내가 평생 살아오면서 확신하고 있는 믿음의 증거들이다. 믿음의 증거를 통해 구원의 확신을 더욱 갖게 하는 것이다. 그리고 이런 확신이 오늘 이렇게 늦은 시간에도 나로 하여금 이런 글을 쓰게 만드는 이유다. "하나님의 은혜에 감사드리며, 이 축복을 주의 모든 백성에게 주시옵소서." 이것이 오늘 나의 기도 제목이다.

'수출의 탑'과 성경 속의 팔복

사업을 시작하고 수출을 시작한지 20여 년, '100만 불 수출의 탑'을 받고 무척 기뻤던 적이 있다. 그 후 '500만 불 수출의 탑'과 '1000만 불 수출의 탑'을 차례로 받았다. 올해 무역의 날에는 '1천만 불 수출의 탑'을 받은 지 12년 만에 드디어 '2000만 불 수출의 탑'을 받을 예정이다.

사실 안제외약품으로 2000만 달러의 수출을 하는 것은 쉬운 일이 아니다. 세계 40여 나라에 조금씩 판 것이 모여 2000만 달러가 되었고, 베트남 현지 공장에서도 매출이 늘고 있다. 이 모든 것은 전 사원들이 한마음이 되어 일궈낸 일들이다. 열심히 일한 직원들에게 감사하는 마음을 전하고 싶다.

이 수출의 탑은 단계 별로 계속 주는 것이 특징이다. 예수님이

감사
수출
복

공생애에 들어서신 후 모든 제자들을 모아놓고 복에 대해 말씀하셨다. 이때 말씀하신 복도 단계별로 다른 상급으로 말씀하셔서 벌써 2천 년 전에 예수님이 단계별 상에 대해 말씀하셨다는 것을 생각나게 했다.

성경은 "심령이 가난한 자는 복이 있나니 천국이 저희 것임이요"라고 말씀하신다. 심령이 가난한 자가 겸손한 마음으로 예수님을 받아들이면 천국을 주실 것을 말씀하셨다.

둘째로 성경은 "애통하는 자는 복이 있나니 저희가 위로를 받을 것임이요"라고 말씀하신다. 예수님을 받아들이면 예전에는 몰랐던 자신의 죄가 생각나고 부끄러워진다. 이때 애통하는 마음이 생기고 회개를 하게 된다. 그리고 이때 위로의 복을 주시게 된다.

셋째, "온유한 자는 복이 있나니 저희가 땅을 기업으로 받을 것임이요"라고 하신다. 회개를 하고 나면 심령이 변화되어 우리의 모습이 온유한 모습으로 변하게 된다. 이때 땅을 기업으로 주신다.

넷째, "의에 주리고 목마른 자는 복이 있나니 저희가 배부를 것임이요"라고 말씀하신다. 하나님을 위해 무엇인가 하고 싶은 의욕이 생기며, 의에 주리고 목마른 상태가 된다. 이때 성취되는 배부름의 복을 주신다. 구하라, 그리고 도전하라. 그러면 주실 것이다.

다섯째, "긍휼히 여기는 자는 복이 있나니 저희가 긍휼히 여김을 받을 것임이요"라는 말씀이다. 의를 실천하려면 반드시 남을 사랑하는 마음이 생겨야만 가능하다. 긍휼히 여기는 마음이다. 예수님을 받아들이지 못해 천국에 가지 못하는 자신의 부모, 형제 그리고 모든 사람을 불쌍히 여기는 마음이 생긴다. 이때 하나님은 우리에게도 긍휼히 여김을 받는 복을 주신다.

여섯째, "마음이 청결한 자는 복이 있나니 저희가 하나님을 볼 것임이요"라는 말씀이다. 이 단계에는 마음이 청결해지고 하나님과의 관계가 더 밀접해진다. 이때 하나님을 볼 수 있는 복을 주신다.

일곱째, "화평케 하는 자는 복이 있나니 저희가 하나님의 아들이라 일컬음을 받을 것임이요"라고 성경은 말씀하신다. 마음이 청결하고 인격이 남에게 존경받는 상태에 있게 되면 교회의 분쟁, 인간 간의 갈등, 더 나아가 국가와 국가 사이에 대해서도 권위가 생겨 화평케 하는 단계까지 간다. 이때 주시는 복이 최고의 명예인 하나님의 아들이라 일컫게 되는 복을 주신다.

그러나 맨 마지막 복은 "의를 위하여 핍박을 받은 자는 복이 있나니 천국이 저희 것임이라"고 말씀하신다. 이 최고의 복은 예수님으로 인해 핍박을 받고 목숨까지 버리는 순교의 단계다. 이 복은 천국 왕국이 도래할 때 천년 동안 예수님과 더불어 왕 노릇하는 복이다.

이 부분의 신학적 견해는 매우 다양하다. 그러나 나 자신은 성경의 말씀 그대로 믿고 싶다.

복에 대해 우리 회사 임원 한 명과 이야기를 했다. 그러자 그는 "사장님은 화평케 하는 복까지 받으셨으니 좋으시겠어요"라며 자신은 지금 어느 단계인지 살펴보고 있다고 한다. 나는 "1단계, 즉 예수님을 영접한 복은 확실히 받았는데 나머지는 그저 흉내만 낸 것 같다"고 이야기해 주었다.

부모님 덕에 모태신앙으로 받은 것 이외에 죄에 대해 애통해 본 적도 딱히 없는 것 같고 그저 모든 것에 부끄러움밖에 느끼지 못한 나를 발견했다. 지금부터 이 큰 복을 받아보려고 노력하겠다는 각오를 해 보는 시간이었다. 모든 것에 감사하며 이후의 삶과 사업도 하나님이 인도하실 것이라 믿는다.

보름달과 창녀

추석이었다. 창밖을 보고 있자니 크고 둥근 달이 내 마음에도 와 닿는 것 같았다. 많은 사람들이 달을 보며 소원을 빈다. 대학교에 합격시켜 달라는 소원, 직장을 구해 달라는 소원, 결혼하게 해 달라는 소원 등이다. 달을 향해 제법 진지하게 소원을 비는 사람이 많다. 우리 기독교인 중에도 무의식적으로 아무런 죄의식 없이 소원을 비는 사람이 있다.

그러나 성경에서는 달이나 해나 별을 보며 소원을 비는 행위는 우상숭배로 간주해 엄격히 금하고 있다. 우리가 성경을 읽으면서도 무심코 지나치는 구절이다. 어제는 창세기를 읽다가 참으로 기이한 구절을 발견했다. 도저히 납득이 되지 않아 온갖 주석을 찾아보았다.

야곱의 아들 유다가 양털을 깎으러 갔다가 길에서 창녀를 찾아가 자신의 지팡이와 도장을 맡기고 외상으로 하룻밤을 지냈다는 구절이다. 몇 가지 주석을 찾던 중 창녀를 두 가지로 분류한 주석을 보았다. 하나는 직업적인 창녀이고 다른 하나는 그 당시 가나안 종교인 바알 종교의 여사제, 즉 종교적 창녀라는 주석이었다.

그리고 구약 성경 전체를 볼 때 이스라엘 백성이 음란으로 인해 처벌받을 때의 창녀는 거의 다 종교적 창녀인 것을 발견했다. 종교적 창녀 문제는 잠언과 전도서에서도 아주 심하게 경계하고 있다. 이 음녀들은 사람의 육과 영을 완전히 파괴하는 존재로 묘사되고 있다. 그들은 유부녀로서 혹은 처녀로서 직업적인 목적이 아닌 다른 목적으로 남자들에게 접근하고 있다.

그들이 노리는 것은 모두 십계명의 제1계명인 '나 이외에 다른 신을 두지 말라'와 제2계명인 '너를 위하여 새긴 우상을 두지 말라'를 어기는 것이다. 하나님이 제일 싫어하시는 것이 바로 우상숭배와 나른 신을 섬기는 것이다. 기록하시고 전능하신 하나님을 무시는 사람이 어떻게 다른 신에게 부탁을 하고 영적인 타락을 할 수 있는가. 하나님의 분노다.

성경은 모든 '창녀'와 '간음'이라는 단어를 '우상숭배'라는 뜻으로 사용하고 있다는 것을 발견할 수 있다. 죄 중에 제일 무서운 죄가 달과 해와 별을 숭배하고 점을 치는 행위, 그리고 하나님

우상
숭배
다른 신
제사
하나님

이외에 다른 어떤 것에 의존하는 모든 행위다. 결혼할 때 궁합을 보는 행위, 타로카드로 점을 치는 행위, 무당에게서 점을 보는 행위 모두가 하나님이 제일 싫어하시는 무서운 범죄다.

민족의 명절 추석을 맞이한 우리는 그저 재미로, 혹은 호기심으로, 또는 습관적으로 아주 쉽게 이 계명을 범할 수 있다. 그리스 신전에서 제사를 지내던 많은 여사제들은 신전을 유지하는 비용을 충당할 목적과 신을 전도할 목적으로 창녀가 되었다. 그래서 그리스 신전에는 소와 양고기가 넘쳐흘렀다. 그리고 그들은 백성을 타락시켰다. 지금도 이단 종교에서는 이러한 여사제 역할을 하는 사람이 있다. 조심하자. 사탄은 우는 사자와 같이 믿는 사람을 타락시키기 위해 지금도 노력하고 있다.

이제 하나님 이외의 어떠한 신도 섬기지 않겠다는 것을 온 가족에게 다시 한 번 교육하자. 자녀들에게 매우 중요한 교육이다. 마지막 때에 하나님만 섬기는 우리가 되게 해달라고 성령 하나님께 간절히 기도하자.

크리스천에게 재물은?

유대인들은 인생에서 제일 중요하게 여기는 것으로 '자선'을 꼽는다. 탈무드는 '사람이 죽을 때 가지고 가는 것은 아무 것도 없으나, 다만 살아있는 동안 자선을 베푼 것만은 하늘나라로 갖고 간다'고 가르치고 있다. 그래서 세계적인 기업을 경영하다 은퇴하고 오로지 자선사업에만 전념하는 유대인 갑부들이 많다. 빌 게이츠, 록펠러 등은 이를 실천해온 유대인들이다. 우리 기독교인들이 하늘나라에 갈 때 인정받는 것으로 생각해 열심히 전도를 하는 것과 마찬가지다.

성경은 '옳지 않은 청지기' 비유를 말씀하시면서 이들의 지혜로움을 칭찬한다. '이 세대의 아들들이 자기 시대에 있어서는 빛의 아들들보다 더 지혜롭다'고 말씀하시면서 우리 크리스천들에게도 재물로 친구를 사귀라고 말씀하신다. 물질은 남의 것이다. 즉 '죽을 때 모든 것을 버릴 수밖에 없는, 세상에 속한 것'이라 말씀하시고 이 작은 것에도 실천을 하지 못하면 어떻게 참된 것을 맡길 수 있겠느냐고 질문하신다. 하인이 두 주인을 섬길 수 없으니, 너희는 하나님과 재물을 겸하여 섬길 수 없다고 말씀하신다.

물질만능주의를 하나님의 말씀보다 더 중하게 여기는 현 시대에 참으로 따르기 어려운 말씀이다. 그러나 예수님께서는 중히 말씀하신다. 기독교 문화가 사회에 뿌리를 내린 미국과 서구 사회에는 이 개념이 쉽게 받아들여져서 기부 문화가 생활화되어 있다. 그리고 세법상으로도 기부한 돈은 세금 공제를 받고 있다. 그러나 우리는 아직 이에 미치지 못하고 있다.

경영학의 변화도 마찬가지다. 지금은 사회에 공헌하는 기업이 아니라면 국민들로부터 존경받지 못하는 풍토가 점점 심해지고 있다. CSR(Corporate Social Responsibility)이라 칭하는 '기업의 사회 공헌'에 대한 평가를 중하게 여기는 시대에 돌입한 것이다. 경영의 목표가 '이익 추구'에서 '사회와 함께 나누는 것'으로 변화된 시대로 들어선 것이다.

그런데 요즘 교회는 그 역할을 제대로 하지 못하니 대중으로부터 비난을 받고, 기독교인의 사회적 평판도 그리 좋지 않다. 안티(anti) 크리스천도 생겨나 전도에 큰 장애가 생기고 있다. 교회는 가

하나님
물 질

난한 이웃과 사회에 물질을 써야 한다. 이것이 진정한 전도로 이어질 수 있는 방법이다. 자신의 잔치에만 너무 많은 시간과 물질을 쓴다는 비난을 받아서는 안 된다.

얼마 전 만난 새 신자 한 분이 말하길, 자신의 어머니를 전도하고 있는데 절대로 교회에 나오지 않으신다고 한다. 이유를 물어보니 자신의 여동생과 그 남편이 교회 전도사와 부목사인데, 어머니의 생일에도 교회가 너무 바쁘다며 만나러 오지 않는다고 한다. 그리고 어머니께는 전화로 예수님을 영접하라고 전도한다고 한다. 어머니는 그것이 무척 섭섭하셔서 '네가 믿는 예수님은 믿고 싶은데 너를 보면 교회에는 나가고 싶지 않다' 고 하셨다고 한다. 교역자 생활이 가난하니 어머니께 선물을 사 들고 가기가 힘들었을 것이라고 이해는 되지만, 비록 작지만 진정성이 담긴 선물과 조그마한 관심이라도 드렸으면 좋겠다는 이야기를 들었다.

우리가 교회에 헌금을 잘 하는 것은 아주 좋은 한국적 신앙관이다. 아울러 가족과 친척과 가난한 이웃에게 물질을 나누는 것도 중요한 일이라는 생각이 든다.

'너희가 조그마한 재물에도 충성치 아니하면 하나님이 참된 것으로 너희에게 맡기시겠는가' (눅 16:11)라는 예수님의 말씀을 마음속으로 새겨 본다.

기독교를 보는 사회적 시선

최근 기독교를 향한 사회적 시각과 평판이 전도를 하기에 큰 걸림돌이 된다고 한다. 교회나 목사님 이야기를 하면 거부반응부터 나오는 것이 요즘 한국 사회 분위기다.

목회자들의 헌신으로 인해 천막으로 만들었던 교회가 벽돌로 지은 조그만 교회로 변하는 모습을 모든 국민은 따뜻한 눈길로 보아주었다. 하지만 한때 1000만 명까지 늘었던 교인의 수가 근래에는 점점 줄어들어 700만도 되지 않는다는 통계가 나왔다. 그리고 지금도 점점 줄어들고 있다. 왜일까?

한국에서 기독교는 서양 의학을 들여오고 병원을 설립함으로써 한국인들의 질병을 타파하는 초석이 되었다. 세브란스 병원, 이화여대 병원, 예수 병원 등이 한국의 현대 의학에 디딤돌이 되었다. 또

한, 배재 학당, 이화 학당, 연세대학교 등은 한국 교육에 바탕이 되어 수많은 교육 기관을 세웠고 한국의 정신문화를 이루었다. 삶에 지친 한국인들의 정신적인 디딤돌이 되었던 교회들은 이승만, 김구, 안창호 등 유명한 정치가를 배출하여 대한민국의 독립운동사에 큰 획을 그었으며 이는 곧 대한민국 건국의 기초가 되었다.

정치, 경제, 문화 등에서 기독교의 역할은 아주 절대적이었다. 조만식 선생의 국채 보상 운동은 일본으로부터 독립 경제를 원했던 모든 국민들의 의식을 일깨웠으며, 금연 운동과 절주 운동의 효시가 되었다. 지금도 한국 기독교의 금주와 금연은 기독교의 근본 교리와는 조금 다르지만 성경 이상의 전통이 되고 있다.

이런 기독교가 지금 사회로부터 지탄을 받고 있다는 것은 정말 가슴 아픈 일이다. 기독교라고 하면 생각나는 것이 해군 기지 반대 데모에 앞장선 목사들, 북한을 찬양하는 방북 목사들, 노동 운동에 앞장선 목사들이라고 한다. 좋게는 '민주화 운동의 선봉'이라 불리지만, 한편으로는 대형 교회의 세습, 헌금의 유용, 목회자의 여성 문제가 신문에 날 때마다 교인들은 부끄러워 아무런 얘기를 하지 못했다. '이것이 교회의 본질은 아닌데' 하는 생각이 들었다.

요즘은 천주교 신부님의 친북적인 발언으로 인해 천주교마저 논란이 일고 있다. 한 천주교 교우는 '그런 신부의 수는 전체 신부의 10%도 되지 않는데 왜 문제 삼느냐'고 항의한다. '요즘은 성도들

본질
변질
성 경

이 성직자를 걱정하는 시대가 되었다'고 이야기하는 사람도 있다. 종교의 비대와 타락, 이것은 중세 시대에 루터가 이룬 종교 개혁에서 이미 경험했던 일이다.

이유는 성경의 해석상의 문제에 있다. 신학의 큰 줄기는 하나님이 기준이 되는 성경 해석과 인간이 기준이 되는 신학으로 나뉜다. 인본주의 신학 중에서 민중이 기준이 되는 민중 신학에는 투쟁적이고 사회적인 행동이 많다.

이번에 천주교 대주교가 '모든 문제는 복음적인 해결 방안으로 개선해야 한다'는 강론에서 제시한 것은 정의 구현 사제단과는 다른 방안을 내놓은 것이다.

기독교도 마찬가지다. 보수 교단은 성경 중심의 해결 방안을 내는데, 자유 신학 계열의 목회자는 민중 우선의 행동 방향으로 가고 있다. 신학의 차이는 결국 이념의 차이를 가져와 그 정치적인 방향을 달리 하고 있다. 지나친 사회 참여는 종교인의 정치 참여를 극대화하고 본래 종교이 모습에서는 점점 이탈하고 있다는 주장도 눈여겨 볼 대목이다.

이 모든 것이 성경을 해석하는 관점에서 오는 것이다. 하나님 중심의 신학과 사람의 이성으로 이해되는 것만 믿는 신학은 성경을 부르는 명칭부터 다르다. 그들은 성경이라고 하지 않고 성서라고 한다. 성경으로 보는 종교인과 성서라고 보는 종교인은 다를 수밖에 없다.

그래서 같은 종교 내에서 다른 목소리를 내고 시끄러운 것이 사회에 그대로 비치는 것이다. 또한 처음에는 하나님 중심이 되어 열심히 성직에 전념하다가 큰 성공을 얻으면 성직이 직업화되는 경우도 있다. 이때 성직자의 타락과 더불어 종교의 사회 격리 현상이 일어난다.

오늘도 "하나님, 약한 우리를 도와주소서. 하나님 뜻대로 살다가 변질되지 않고 영원한 세계에서 하나님을 뵐 수 있게 하여 주시옵소서"라고 기도해 본다.

한국교회가 위기라는 소리가 들린 지 벌써 여러 해가 지났다. 사회에서 기독교를 바라보는 시각도 냉소적이고 이곳저곳에서 발생한 기독교 내의 문제에 대한 비판의 목소리도 높다.

한국교회가 더 이상 이렇게 가선 안 된다는 데 누구나 공감한다. 그런데 막상 고양이 목에 방울을 다는 일에는 몸을 움츠린다. 교회 지도자들이 얽히고 설킨 매듭을 풀어내기엔 이미 때가 지났다는 생각도 든다.

한국교회의 오늘은 수많은 순교자와 신앙선배들의 기도와 헌신, 선교와 전도로 이루어진 산물이다. 그럼에도 이렇게 교회를 하루하루 스러지게 만든다면 오늘 이 시대를 사는 그리스천은 후세 크리스천들을 볼 면목이 없어진다.

한국교회는 어찌되었든 꺼져가는 불씨를 살려야 하고 멈춘 기도소리가 다시 뿜어져 나오도록 눈물을 뿌려야 한다. 영적 각성과 영성운동이 되살아나 한국교회에 다시 한 번 부흥운동이 거세게 일어나야 한다.

원고를 끝내며 하나님께 감사 드린다. 이 40편의 글들이 주제만 잡히면 어려움 없이 써 내려가도록 힘과 지혜를 주셨기 때문이다. 사실 글이란 써지지 않으면 며칠이 지나도 단 한 줄을 나가지 못한다. 그저 하나님의 은혜로 만들어진 이 책이 하나님 나라를 확장시키는 문서선교에 조금이라도 기여할 수 있길 바랄 뿐이다.

이 책에서도 언급했지만 우리는 지금 '좋은 크리스천'의 바른 개념정리가 필요한 시대에 살고 있다. 각자가 신앙에 대한 확고한 문제의식을 갖고 바른 신앙, 바른 가치관을 바르게 정립했으면 한다.

이번 책도 1차 칼럼집에 이어 포켓사이즈라 마음 먹으면 2~3시간 정도에 다 읽을 수 있는 부담스럽지 않은 양이다. 소재도 무겁지 않고 에피소드를 많이 넣어 읽기 편하도록 신경 썼다. 문서선교의 일익에 참여하도록 기회를 만들어 주신 하나님께 모든 영광을 돌리며 책을 읽어준 독자들에게도 감사를 전한다.